名人家风丛书

忠孝仁义话春秋

——鲍志道与鲍氏家风

名人家风丛书

忠孝仁义话春秋

——鲍志道与鲍氏家风

陈玲 著

中原出版传媒集团
中原传媒股份公司
大象出版社
·郑州·

图书在版编目(CIP)数据

忠孝仁义话春秋 : 鲍志道与鲍氏家风 / 陈玲著.— 郑州 : 大象出版社, 2016. 1 (2018. 11 重印)
(名人家风丛书)
ISBN 978-7-5347-8281-7

Ⅰ. ①忠… Ⅱ. ①陈… Ⅲ. ①家庭道德—中国 ②鲍志道(1743~1801)—家族—史料 Ⅳ. ①B823. 1 ②K820. 9

中国版本图书馆 CIP 数据核字(2015)第 019145 号

名人家风丛书
ZHONGXIAO RENYI HUA CHUNQIU
忠孝仁义话春秋
——鲍志道与鲍氏家风
陈 玲 著

出 版 人 王刘纯
总 策 划 郑强胜
责任编辑 吴春霞 安德华
责任校对 李婧慧
封面设计 王莉娟
版式设计 王 敏

出版发行 大象出版社(郑州市开元路 16 号 邮政编码 450044)
发行科 0371-63863551 总编室 0371-65597936
网 址 www.daxiang.cn
印 刷 洛阳和众印刷有限公司
经 销 各地新华书店经销
开 本 890mm×1240mm 1/32
印 张 6
字 数 133 千字
版 次 2016 年 1 月第 1 版 2018 年 11 月第 4 次印刷
定 价 25.00 元

印厂地址 洛阳市高新区丰华路三号
邮政编码 471003 电话 0379-64606268

总　序

一个人有一个人的气质，一个国家有一个国家的性格。一个家庭在长期的延续过程中，也会形成自己独特的风气。这样一种看不见的风尚习惯、摸不着的精神风貌，以一种隐性的形态存在于特定家庭的日常生活之中，家庭成员的一举手、一投足，无不体现出这样一种习性。这就是家风。

“家风”一词，最早见于西晋著名文学家潘岳的诗中。与潘岳有“双璧”之称的夏侯湛，自恃文才超群，将《诗经》中有目无文的六篇“笙诗”补缀成篇。潘岳为与友人唱和，写作了《家风诗》。在这首诗中，作者通过歌颂祖德、称美自己的家族传统以自勉。

“家风”又称“门风”，这个词语在西晋出现并在随后流行，显然和“士族”“世族”“势族”“大族”“世家大族”成为社会上的统治力量有关。无论是以宗族为根基、以武力为特质的地方豪族，还是以官宦为标志、以文化为表征的名家大姓，他们政治上累世贵显，经济上广占土地，文化上世传家学，垄断了全社会的主要资源。除通过九品中正制和婚姻关系来维护门阀制度之外，他们还自矜门户、标树家风，用以抵御皇权和寒人的侵渔。正因为如此，两晋以后，这个词语渐次流行。从发轫之初，“家风”就往往和“门风”互用。我们可以将它理解为家庭的风气，将它看作一个家庭的传统、一个家庭的文化。

传统作为人类代代相传的行事方式，是从过去延传到现在的事物。没有经过较长时间的过滤和沉淀，就形成不了传统。在《论传统》的作者希尔斯看来，至少要持续三代人，才能成为传统。尽管世代本身的长短不一，但无论是信仰还是行动范式要成为传统，至少需要三代人的两次延传。家风作为特定家庭的传统，是该家庭长时期历史汰选、传统沉淀的结果，是一辈又一辈先人生活的结晶。在历史文献中，“家风”或与“世德”共举，或与“世业”并称，足见家风有别于时尚，而与“世”即很多年代、好几辈子紧密关联。在时间上持续的短暂性是时尚的特征，而家风则是历经延传并持久存在，或者在子孙后代身上一再出现的东西。正是在这个意义上，历史文献中提及“家风”一词，往往蕴含对传统的继承。如比比皆是的“不坠家风”“世守家风”“克绍家风”“世其家风”及“家风克嗣”等，无不体现了这一特点。

有一种观点认为，家风必须是健康的、积极向上的，否则，不能称之为家风。实际上，这只是说者的一种期许、一种渴盼，家风本身并不蕴含这样的意味。否则，“良好家风”就是毫无意义的同义反复。正如“文化”是使民族之间表现出差异性的东西，时时表现着一个民族的自我和特色一样，家风作为家庭的文化和传统，表现的也是一个家庭的气质和风习，反映出一个家庭与其他家庭的不同之处。它完全是一个中性的概念，并不必然具有正面的意义。有的家风可能是勤奋俭朴、为人忠厚、待人有礼，也有的家风可能是狡诈刻薄、游荡为非、跋扈凶横。如同一所学校、一个班级的风习我们称之为学风、班风，而学风有好坏之分，班风有高下之别，并不总是值得弘扬一样，家风同样也有不良的，并不都是传家宝。正因为如此，对家风或门风则就既有称誉，也有贬损。即便是在传统社会，被视为传家久、继世长的，也只有耕读、忠厚、清廉这样一些美好的品质。

的确，家风的特征在前现代、在乡村社会、在大家庭中表现得十分鲜明，格外生动，而在现代城市家庭中却不那么明显。但是，只要一个组织存在，就会有这个组织的文化，特别是这个组织如果有历史的厚重，有传统的积淀，就更是如此。作为家庭的文化，家风是附丽于家庭而存在的，只要有家庭，就会有家风。家风并不必然会因为农村的城市化、大家族被小家庭所取代而丧失，或者说，随着历史的演进，社会情势的变化，家风的具体内容肯定会有变化，但家风仍然会存在。我们可以这样认为，没有家风，本质上也是一种家风。在社会结构和家庭结构都发生了革命性变革的当今社会，人们感叹“家风”的荡然无存，其实是指家庭所秉持的“只耕田，只读书，自然富贵；不欠债，不健讼，何等安宁”这样一些古典原则的式微，是指“耕读两途，读可荣身耕可富；勤俭二字，勤能创业俭能盈”这样一些传统内容的沦落，是“志欲光前，惟是诗书教子；心存裕后，莫如勤俭传家”这样一些旧时理念的散淡，而不是家风本身的消逝。

此外，家风不同于家规。虽然这两个词都与家庭教育相关，但它们有着本质的差异。

家规是家庭或家族中的规矩，是家人所必须遵守的规范或法度，是父祖长辈为后代子孙所制定的立身处世、居家治生的原则和教条。它是借助尊长的权威，加之于子孙族众的又一重道德约束，有的甚至具有法律效力。它有家训、家诫、家仪、家教、家法、家约、家矩、家则、家政、家制等名义，有敬祖宗、睦宗族、教子孙、慎婚嫁、务本业、励勤奋、尚节俭等多方面的内容，是行于口头、针对性强的具体教诫，是见诸家书、目的明确的谆谆训诲，是载诸家谱、可供讽诵的文本规条。家规可以有多种分类，如：根据其表现形式，可以分为教诫活动的家规和文献形式的家规两种；根据内容，则可以分为针对一人一事、起因明确、内容具体、结果显豁的非规范性家规和针对整个人生、涉及方方面面的规范性家规。有的家规，着重家庭子弟的道德修养，教授为人处世要法；有的家规，集中居家治生，以至是祠堂、义庄、学塾等的管理规条。但无论如何，相对于家风，家规一个总的特点是有形的，是可视可见的。

一个家庭的家风有别于这个家庭世代相传的道德准则和处世方法，它是一个家庭的性格特征。虽然它一旦形成，也就成为教化的资源，对家族子弟具有熏染影响、沾溉浸濡的意义，但家风是一种不必刻意教诫或传授，仅仅通过耳濡目染就能获得的精神气质，具有“润物细无声”的作用。历史文献中的“渐渍家风”，就极为生动形象地诠释了这一过程。通俗地说，我们可以把家规看作教化家人的教科书，而家风则是经由长期教化后的结果。

马年春节期间，中央电视台的“家风”系列报道，引起了社会的热烈反响和高度认同。这一报道对于引导人们自觉省思，培植良好的家风，构建和谐的家庭关系，夯实家庭这一社会的堡垒，进而培养全社会的良风美俗，疗治现今社会的乱象，无疑具有积极的意义。正是基于这样一种用心，寻根杂志社主编郑强胜代表大象出版社，约请我主编这套“名人家风丛书”。

由于时间关系，第一辑的十本书都是我的学生编写的，他们有的已经博士毕业，有的还硕士在读，水平不一。尽管我们高度重视这一工作，多次在中心的例会上讨论编写事宜，但由于时间仓促，特别是水平所限，其中肯定会有这样或那样的问题。希望读者诚挚地帮助我们，不吝指教，以便我们把后面的工作做得更好。

北京师范大学国学经典教育研究中心 徐梓

2015年1月

目录

第一章

远古那些事儿

鲍叔牙

第一节　鲍姓有大来头

每个人都有一个属于自己家族的姓，随着家族的绵延而延续。在小说、戏剧等文学作品里也常见到“刘氏”“张氏”这样的说法，表示“姓刘”“姓张”的意思。如果细心观察，在平日的生活中也经常会看到“按姓氏笔画排序”这样的语言。在今天看来，不管“刘氏”“张氏”，还是“姓氏”，说的都是“姓”，或者说现在的“姓”和“氏”是同一个意思，“姓”就是“氏”。然而，在很久以前，“姓”和“氏”并不是一回事，而且分别有自己不同的由来。这段历史要追溯到远古时代了。

在华夏民族还处在母系社会时，“姓”是同一女性始祖的族属共有的名称。那个时候，人们对人与自然的关系认识还很原始，他们认为某种自然物或自然现象，例如蛇或风、闪电等，跟不同的部落存在着某种关系，对于每个人来说，这些自然物或自然现象可以保护自己。于是，远古时代的人们往往会把某种自然物——比如蛇——奉为自己的祖先或者保护神，这就是远古时代的图腾。久而久之，某种图腾就成了这个部落的代表，不同的部落也有自己的“姓”，这便是该部落的图腾。在这个部落里，每个人都以它为“姓”。

在母系社会里，人们只知其母而不知其父，所以小孩儿一般都是随母姓。也正是这个原因，远古的姓也多以“女”为偏旁，如“姚”“姬”“姒”“姜”“妫”等。“姓”字直到今天依旧是由“女”“生”构成。

在远古时代，虽然没有“优生学”一说，但是，长期的实践经验使人们发现在氏族内部通婚会造成人种的退化。“姓”的最早功能便发挥出来了。每个部落都有不一样的图腾，于是每个部落的人的“姓”都不一样，这样可以保证部落内不通婚，进而保证本部落的人口质量。后来随着社会的进步、人口的繁衍，某一部落的活动区域也随之扩展，原来的部落可能衍生出了不同的支脉，形成了许多新的“姓”。这样不同的“姓”便越来越多。

随着历史的发展，人类社会逐渐完成了从母系社会到父系社会的过渡。这时候，新的部落开始以男子为中心，除保留原来的“姓”以外，还往往为自己的部落取一个称号作为标志，这就是“氏”的产生过程。也就是说，“姓”产生得较早，它是一个家族的所有后代的共同称号，而“氏”则是从“姓”中衍生出来的。

周朝建立后实行分封制，又产生了“新时代”的姓氏。周天子把王族、功臣和夏、商两代的贵族分封到各地去做诸侯，分给他们土地和人民。各诸侯建立诸侯国，同时也有义务服从国王的命令，向周王贡献财物，派兵随从周王作战等，被分封到各地的诸侯有了他们自己的“氏”，最常见的就是直接以分封的地方的名称为“氏”。例如，周文王把儿子管叔鲜封在管国，周武王把儿子唐叔虞封在晋国，于是这二人分别成了“管”氏和“晋”氏的始祖。同天子分封诸侯的模式一样，各诸侯在自己的管辖范围内，又分封卿大夫，同样分给他们土地和人民，于是在这个卿大夫管辖的地方又有了一个新的“氏”。这样，越来越多的新的“氏”产生了。

为什么分封下去的诸侯和卿大夫要开始重新用一个“氏”呢？这是因为西周的分封制严格规定：只有嫡系长子才有继承权。这就是说王位和财产必须由嫡长子继承。采用不同的“氏”后可以分别嫡庶，避免不必要的继承权的争夺。对于庶出的后代来说，单独立“氏”也是为了表示自己安分守己，不和嫡系长子争权。值得注意的是，在西周的时候，只有贵族阶级才有“氏”，普通的黎民百姓是没有“氏”的。基于上述原因，后来有学者便总结出了“氏所以别贵贱”一说。

到了战国时期，“姓”“氏”两者开始发生混淆。公元前221年，秦始皇统一六国，结束西周的分封制度，实行郡县制，一个人需要依靠对国家的贡献大小重新获得官位或者社会地位。这样，旧的氏族及姓氏制度便被清除殆尽，但是人们总要用一个符号来表明亲子关系，来寄托家族延续，所以“姓”和“氏”当然继续存在，只是不再区分得那么清楚了。

经历秦末大乱，进入西汉，“姓”“氏”已经完全融为一体了，例如，司马迁在《史记》中这样写刘邦：“高祖，沛丰邑中阳里人，姓刘氏，字季”，写孔子：“字仲尼，姓孔氏”。中国人对“姓氏”的认识也基本稳定了，一直到现在仍是如此，只是当代中国人的姓名不再有字号而已。

“姓氏”历史悠久，而本书的鲍氏家族所拥有的“鲍”这个姓氏同样拥有一段悠久而绵长的历史。史料记载，鲍氏原来出自“姒”这个姓，是夏朝大禹的后人。春秋时期，“姒”姓的后人敬叔为齐国效劳，齐王给他的封地在“鲍”这个地方，于是他便以“鲍”为氏。鲍敬叔便成了鲍氏的始祖。

第二节　心生敬畏的老祖宗

鲍敬叔留下的史料不多，一般人不太熟悉，但是他的儿子鲍叔牙，大家一定略有耳闻了。

鲍叔牙生活在公元前七八世纪，此时正是中国的东周列国时代。都说乱世出英雄，这话一点儿不假。鲍叔牙可能算不上是绝对意义上的乱世英雄，但是他生就了一双能识得英雄的慧眼，正是这双慧眼让他名垂后世。

鲍叔牙年轻的时候在河南南阳经商，认识了同在此经商的管仲。通过交往，鲍叔牙很快认识到管仲是个有智慧、有才华的人。因为他发现不管遇到什么事情，不管情况有多么紧急，管仲都能做到条理清晰、临危不乱，并能在很短的时间内做出非常周全的计划，想出挽救的办法。所以他断定管仲将来一定会大展宏图，只是现在时机未到，他的才华无法展现罢了。

说实话，也只有鲍叔牙一个人这么觉得，因为这个时候的管仲非但没有什么特质让人喜欢，相反却经常惹人讨厌。

管仲家境贫寒，却非常高傲。一般人都不愿意与他交往，只有鲍叔牙是个例外。鲍叔牙在和管仲合伙做买卖的过程中，每次盈利之后，总要让管仲比自己分红多点。别人都认为鲍叔牙太实在了，花的心思比管仲多，到头来赚的钱反而还少。鲍叔牙总是一笑了之，为管仲开脱，说管仲家有老母要照顾，花销比自己大，这是身为朋友的他应该做的。

管仲在经商上可能没有什么天赋，他自己去做生意，赔了本，遭到大家笑话。鲍叔牙又给大家解释，说错不在管仲，而是行情和时机的缘故。因为经商没有什么成绩，管仲便改行去当兵，可还是碰壁。一到前线，管仲就当了逃兵，而且逃了不止一次。大家都嘲笑管仲是个怯懦的小人，不是真丈夫。只有鲍叔牙表示理解，说他家有老母要侍奉，自然会非常珍惜他的生命，百善孝为先，所以他出逃是可以谅解的。

从军不利，管仲又改行去当“士”，想一展自己的才华，为国家出谋划策。结果他的思想、理念得不到任何国君的认可，多次被驱逐。鲍叔牙却去安慰他，说这不是他没有才华，也不是他的理念不对，只不过是这种超前的理念在当下不合时宜，国君们都还不能认识到其前瞻性罢了，不用在意。

管仲屡次遭遇不顺，只有鲍叔牙能理解他的处境。鲍叔牙处处宽容、理解管仲，以至于管仲自己都说：“生我的是父母，懂我的却是鲍叔牙啊！”后来，在鲍叔牙的帮助下，管仲和他一起去了齐国。当时的齐国，在齐僖公的治理下，国力日渐强盛，在中原地区算是一个小霸主了。齐僖公有三个儿子，长子名叫诸儿，他是太子；管仲和鲍叔牙分别选择了追随二公子纠和三公子小白，并且一步步成长为两位公子身边的主要谋士。历史证明，鲍叔牙果然具有一双慧眼。

齐僖公过世后，太子诸儿继承王位，他便是荒淫无道、昏庸无能的齐襄公。这个大昏君，竟然喜欢自己的妹妹文姜，在一次醉酒后杀死了妹夫鲁桓公，之后变本加厉，又对大臣大开杀戒。公子纠和公子小白都害怕遭到迫害，于是出逃他国。公子纠与他的两个师傅管仲和召忽逃到鲁国，得到了鲁庄公的庇护；公子小白与他的师傅鲍叔牙逃往了莒（Jǔ）国。

不久之后，齐国大臣连称、管至父两人联合公孙无知发动政变，杀死了齐襄公，公孙无知被拥立为国君。公孙无知即位的第二年，被他曾经虐待过的雍林人杀死，齐国开始陷入一片混乱当中。

说起连称、管至父造反，还有一个有意思的典故呢！当时，齐襄公派连称和管至父去戍守葵丘（现山东省淄博市临淄区）。两人问襄公要戍守到什么时候，襄公当时正在吃瓜，于是便随口一说："到明年瓜熟季节，就派人去接替你们。"可是到了第二年，瓜都已经熟烂了，任期早满了，也不见齐襄公派人来换他们。于是两人便遣人回去问襄公缘由，襄公奚落了他们一通，丝毫没有派人去换他们的意思。这二人便怒了，这才有了上述造反的一幕。现在有个成语"及瓜而代"便是出自这个典故。

公孙无知被杀之后，齐国的大臣开始商量另立国君。大夫高子、国子两人因为年少时和小白有交情，于是私下先派人将这个消息告诉了在莒国逃亡的小白。鲍叔牙非常高兴，亲自为小白驾车，日夜兼程往齐国赶。鲁国在听到这个消息后，也立刻派兵护送小白的哥哥公子纠回国。当然他们为了提防小白，又另派管仲带兵去截住莒国通往齐国的路。等到小白抵达后，管仲一箭射中小白腰间的饰品——衣带钩，鲍叔牙出主意，让小白就势倒地装死。管仲这边看到后，以为射中了小白，欣喜若狂，于是派人快马加鞭回鲁国报捷。公子纠听说后非常高兴，于是心里想只要回到齐国就能即位了，也就放慢了回齐国的步伐。

怎奈公子纠他们还没回到齐国，就先碰上了小白亲自率领的军队。原来小白施计后日夜兼程赶回了齐国，而且被大夫们立为国君，他便是后来“春秋五霸”之首的齐桓公。齐桓公上位的第一件事就是要坐稳王位，扫除障碍，于是他便亲自率领齐军去征讨公子纠。当然，他此行大获成功，不仅大败纠，还夺得了鲁国汶阳的一些地方。

公子纠败走逃回鲁国后，鲍叔牙怕鲁国会先发制人把英才管仲杀了，于是他给鲁国国君写了一封信，信中说：“公子纠是齐国国君的兄弟，齐王宽厚仁爱，是不忍杀他的，请鲁国代替杀了他吧。至于公子纠的老师召忽、管仲是齐王的仇人，请把他们送到齐国来，让齐国来制裁他们。不然的话，齐王恐怕是要出兵讨伐鲁国的。”面对日益强大的齐国，鲁国当然感到害怕，于是把公子纠杀了，然后准备把他的老师召忽和管仲押送回齐国。没想到召忽心理素质太差，一听到这消息还没等到别人动手就自行了断了。于是，鲁国便把管仲押送回了齐国。

不久前在争夺国君位的时候，管仲曾经射过齐桓公一箭，这一箭之仇桓公可是一直怀恨在心，恨不得立马杀了管仲，以解心头之恨。可是这时候，鲍叔牙又为他的老朋友管仲出来说话了，意思就是我鲍叔牙上辈子不知道修了什么福，当初选择了您，而今您当上了齐国的国君，我真心地为您高兴。但是，我还是得说，您如果只是想治理好齐国的话，那么有我鲍叔牙和高子他们就够了，不过如果您想在这乱世当中成就一番伟业的话，那么还真是非用管仲不可。

鲍叔牙跟随并辅佐齐桓公小白多年，桓公自然知道师傅不会骗他。鲍叔牙还说：管仲因为之前追随公子纠，您是他的敌人，所以才那么对待您，而如果您能不计前嫌，让他跟随着您，他自然会死心塌地地辅佐您，到时候别说是射衣带钩，射得天下又有何难？于是齐桓公抱着试一试的态度对管仲进行了一次“面试”。在与管仲谈论霸王之术时，两人一拍即合，相谈甚欢，大有相知恨晚的感觉。这样，齐桓公不计前嫌，让管仲做大夫，和师傅鲍叔牙一起帮助自己治理齐国。管仲当然千恩万谢，肝脑涂地，恨不得倾百分之百的心血来报答齐桓公的赏识。

当然，管仲没有让大家失望。他有经天纬地之才、济世匡时之略，等了这么多年，终于等到了那个成就他的英主，他的雄才大略在齐桓公的支持下得到了施展。当时，对内他主持了一系列的政治和经济改革：建立选拔人才制度；按土地分等征税，禁止贵族掠夺私产；鼓励发展盐铁业，铸造货币，调剂物价；等等。对外，管仲提出“尊王攘夷”，即联合邻国，共同抵抗北方游牧民族的南侵。后来孔子还高度评价了这一策略：“要是没有管仲的话，只怕我们都要沦陷于异族人的统治，变成野蛮人了！”

经过全方位的改革，齐国由此国力大振，有了雄厚的物质基础和经济实力，由乱转治，由弱变强，雄霸中原三十多年。齐桓公称霸奠定了后来齐国数百年的强国地位，而管仲和鲍叔牙的友情也成为流传千古的著名故事。如果说管仲是千里马，那么鲍叔牙无疑是发现这匹千里马的伯乐。自古千里马常有，而伯乐不常有。司马迁后来在《史记》中评价鲍叔牙：天下不缺少管仲这样有才能的人，但是缺少像鲍叔牙这样慧眼识才的人啊！

鲍叔牙推荐管仲担任宰相以后，自己情愿位居管仲之下。由于鲍叔牙对齐国的突出贡献，封妻荫子，他的子孙世世代代在齐国享受俸禄，得到封地的人有十几代。鲍叔牙能够在乱世之中慧眼识得英雄，并且为其提供无私的帮助，让他大展宏图，这种“大我”精神为后来鲍氏家族代代传承并弘扬下去。在鲍叔牙的后代中，有很多生活在徽州，成为徽商，“管鲍之交”往往被鲍氏的徽商后辈作为合伙经营时的理念。

第三节 政坛两兄弟

鲍叔牙之后的一段时间里，鲍氏一直在齐国，世享齐国的优待。到鲍叔牙的曾孙这代，有两兄弟，哥哥叫鲍牵，弟弟叫鲍国。他们都是性格耿直、刚正不阿的人。之后鲍氏家族世代很多为官当政者，一如既往地保持着鲍氏的这种风格。

鲍国早年在鲁国活动，是鲁国大夫施孝叔的家臣，他为人忠厚善良，深得大家的欣赏。施孝叔家大业大，很多事情管理不过来，于是他想找一个人来担任管家，帮他分担府上的零碎事情。为此，施孝叔还占了一卦，卦象显示让匡句须来担任是吉象。在当时的条件下，担任施家的管家可以得到一百户的封地，施孝叔把这个事情向匡句须一说，匡句须思忖了一会儿，诚恳地对施孝叔说："这个大任，我觉得让鲍国来担任最合适。"大家都觉得奇怪，可是匡句须却说："能让一个忠心耿耿又能力超群的人担任，不是更吉利吗？"大家一听这话，纷纷表示赞成，认为匡句须说得很有道理。于是鲍国便接过这个重担，后来他把施家上下管理得井井有条，让施氏家族个个对他刮目相看。

齐灵公七年（前575年），晋国扣押了鲁国的卿大夫季文子，鲁成公派遣子叔声伯去跟晋国交涉，晋国将领郤犨（Xì Chōu）想用封邑来贿赂子叔声伯，子叔声伯坚决不接受，回来后鲍国问他原因，他说："郤犨他自己尚且自身难保，他的封邑多半是兑现不了的，所以我断然拒绝。"接着子叔声伯给鲍国解释："郤犨德行不好，却误受晋王的宠爱；地位不高，但是野心不小，总想干预国家大事；没立过什么功劳，却贪得无厌，要丰厚的俸禄。这些都会招致人们对他的不满，所以他灭亡是迟早的事儿。"鲍国听完子叔声伯有条有理的分析，惭愧道："我的确不如你，如果我鲍氏家族中有什么祸兆，估计我是没有办法事先预料到。而你却考虑深远，辞让了封邑，你一定能够保住稳固的地位的。"当天晚上，他就写了一篇反思"日记"，对自己的不足进行了反思。以后他就以这件事不断地督促自己，虚心向朋友学习，不断积累经验，拓展能力，提升修养。

鲍国的哥哥鲍牵是鲍氏的大宗，此时他正在国内担任齐国的大夫。齐灵公八年（前574年），齐国大夫庆克穿着女人的衣裳坐辇车进入宫中，和齐灵公的母亲声孟子私通。不巧，这一幕却被鲍牵看见了。耿直不阿的鲍牵想都没想，第一反应就认为这是个道德败坏的事儿，我得做点什么以表明我的反对立场。于是他告诉了卿大夫国佐，国佐也是个直肠子，直接上门去把庆克斥责了一通，并且苦口婆心地劝告他这种行为是多么不对，性质有多么严重，以后绝不能再发生！庆克脸上无光，便在家"闭门思过"。但声孟子还以为是庆克变心了呢，遣人一问才知原来是这两人从中作梗，于是她怀恨在心，一直在寻机报仇。

这年六月，国佐随齐灵公与诸侯会盟，讨伐郑国。令高无咎、鲍牵留在国内处理政务。会盟结束，灵公回来，将要入城的时候，高无咎、鲍牵关闭城门，检查旅客。他们本意是要保护灵公的安全，以免鱼龙混杂，混进来刺客什么的可就不好了。没想到这件事被声孟子知道后，觉得这正是个报复的好时机。于是，声孟子对齐灵公进谗言："高无咎、鲍牵二人在你回来之时，不开城门，这是有预谋的。他们正在国内策划阴谋，准备废了你，而另立公子角为君。"这种不高明的挑拨离间，明辨是非的人一听就知道是假的，可偏偏碰上了齐灵公。他这智商真让我们这些后人着急，听到母亲这么义正词严的控告，勃然大怒，不由分说，便对鲍牵实施酷刑，把高无咎逐出齐国。可怜正直的鲍牵就这样莫名其妙被砍掉了双足，从此成了残疾人。

俗话说得好：国不可一日无君，家不能一日无主。鲍氏是齐国的世家大族，当然不能没有当家人。鲍家于是把在鲁国做施氏管家的鲍国召回齐国，让他临危受命，承嗣鲍氏。

此时的齐国正值乱世之秋，公室衰落，卿大夫之间互相兼并；城郭满目疮痍，整个国家四分五裂。鲍国带领鲍氏一族，不但没有被其他氏族兼并，相反使鲍氏一族的力量可与田氏、国氏、高氏相提并论，田氏、国氏、高氏可一直是齐国的世卿大夫，地位举足轻重！

齐灵公死后，本来是有意让宠妃的儿子公子牙继位的。但是大夫崔杼先声夺人，拥立了公子光，他便是齐庄公。可惜庄公在位没几年，就被拥立他的崔杼杀了。这是为什么呢？因为，齐庄公对崔杼感恩戴德，也同他非常要好，于是就经常往他家里去，没想到，串门串出了风流韵事——他看上了崔杼的妻子，继而和她私通。于是才出现了崔杼弑君的事情，真可谓是“成也萧何，败也萧何”。齐庄公死后，崔杼心虚，又把庄公的弟弟杵臼立为国君，他便是齐景公。齐景公即位时，尚是个未成年的孩子。大权掌握在大夫崔杼和庆封手里，无助的他在王位上形同傀儡，战战兢兢，唯命是从。

齐景公二年（前546年），庆封势力逐渐超过崔氏，后来把崔氏灭掉后，更加肆无忌惮，骄奢淫逸。虽是他掌权，他却把国政交给他的儿子庆舍，自己则干脆带着妻妾住到宠臣卢蒲嫳（piè）家里，更有甚者，他还经常和卢蒲嫳交换妻妾，真是荒淫无耻。庆舍理政，比庆封有过之而无不及，简直是为所欲为，乱伦丧德，贵族、大夫都对其切齿痛恨。

当时在朝廷办公的人用餐标准是一天两只鸡，而管伙食的人却私下把鸡换成鸭子，送伙食的人又偷偷把鸭肉私吞。于是出现的结果就是：大夫辛苦工作了一天，揭开饭盒，目之所及只有清汤寡水而无片肉。大家本来就已经对庆封父子的胡作非为非常愤恨，而这正是压死骆驼的最后一根稻草，尤其是大夫子雅和子尾，他们直言不讳地批评了庆封。庆封便想杀掉他们，于是让人去向晏婴等大夫问计，可是没有人帮他。至此，庆氏在齐国已经是孤立无援了。

齐景公三年（前545年）十月，庆封去莱地打猎。十一月七日那天，在太公庙举行秋祭的时候，庆舍主祭。鲍国联合栾氏、高氏、田氏一起借机发动兵变。当时，庆舍为了自身安全，安排他的士兵在他的行宫四周把守。而鲍国与田无宇安排自己的养马人去表演节目。为了引开注意力，鲍国安排表演的地点在鱼里，那儿离祭祀地点有一段距离。庆舍的马看到刀戟易受惊吓，所以庆舍命兵士都脱掉铠甲、拴好马来饮酒，后来为观看演出，去了鱼里。这时候，眼看时机成熟，栾、高、田、鲍等人，穿上庆氏兵士的铠甲，突然袭击，一举杀掉了荒淫无道的庆舍，大快人心。庆封打猎归国，在回程途中知道有变，只能出逃他国。

齐景公是一位既有治国韬略又不忘享乐的君主。与此相应，他的身边有两批不同的大臣，一批是治国之臣，一批是享受之臣。鲍国正是治国之臣中最突出的一个，而且刚正不阿，经常向齐景公直言进谏。在他和晏婴等大夫的辅佐下，齐景公在位五十八年，国力昌盛，在诸侯国里超伦轶群，国力数一数二。

齐景公四十七年（前501年），鲁国阳虎出亡齐国。阳虎请求齐景公派兵去攻打鲁国，并信誓旦旦地说只要攻打三次，必能完败鲁国，取而代之。在阳虎的鼓动下，齐景公半信半疑，蠢蠢欲动。这时候，年迈的鲍国又一次站了出来。这是鲍国的最后一次进谏，同时也是非常重要的一次。他是这样说的："微臣年轻的时候，在鲁国施氏那里做过管家。现在的鲁国，国力强盛，百姓和睦，鲁国是不能轻易占取的啊！阳虎居心叵测，君王别被他的三寸不烂之舌迷惑。他一定是打着这样的算盘：借助齐军的力量去攻打鲁国，打下来固然好，他可以回去继续作威作福，打不下来，齐国也已经是劳民伤财，大夫也定会有伤亡，此时他便可趁机取而代之，在这里施展他的阴谋。阳虎是个没有德行的人，贪图富贵而为富不仁，这跟君王您的治国理念完全相反，哪里能听他的呢？咱们齐国比鲁国强大，您也比鲁君富有，而这正是阳虎所要颠覆的。他是个害群之马，所以鲁国把他赶了出来，而您又收容他，只怕他会在这里接着祸害您啊！您可千万不能上当啊！”齐景公经过深思熟虑，觉得他的老臣鲍国说得有道理，所以听从劝谏，扣押并流放了阳虎。

从齐灵公八年（前574年），鲍国从鲁国归齐，至齐景公四十七年他劝谏景公扣押阳虎，中间已是七十余年。鲍国自鲁归齐之前，已为施孝叔家臣，他在归齐时至少二十岁。这么推断的话，鲍国已经历经九十多个春秋，算得上是不折不扣的松柏之寿。

第二章

开启棠樾的辉煌

从鲍叔牙后，鲍氏的后裔世享齐国厚待，散居在齐国各地，大部分是在今天的山东境内。后来，鲍氏家族各派却以南方居多。鲍氏家族什么时候开始南迁的呢？这还得从当时的大背景说起。

第一节　从北方到南方

西汉和东汉一共经历四百余年，这四百余年是文化统一、国家富强、人民安居乐业的四百年，以至于汉朝后直至现在，中华民族称为“汉族”，中华大地上的语言称为“汉语”。

“话说天下大势，分久必合，合久必分。周末七国纷争，并入于秦。及秦灭之后，楚、汉纷争，又并入于汉。汉朝自高祖斩白蛇而起义，一统天下，后来光武中兴，传至献帝，遂分为三国。”这段话出自历史小说《三国演义》的第一回。东汉末年，天下大乱，此后的百余年，作为中华民族文明发源地的黄河流域一直处于激烈的混战之中，人民的生产、生活遭到毁灭性的破坏，这便开启了经济重心南移的过程。鲍氏家族正是在这样的背景下，开始了南迁的脚步。

东汉末年，朝政腐败，宦官外戚掌握实权，搞得民不聊生，最终起义不断。政府为了有效镇压，便加强了地方的权力，起义很快被镇压下去，但随之而来的是，中央再也没有办法收回下放的权力，地方军队一支比一支厉害。此后，董卓与各地军阀拥兵自重，进行了数十年的大混战，直到曹丕建魏、刘备建蜀、孙权建吴，三国鼎立局面形成。虽然局部的战争依旧不断，但是相比之前要太平许多。后来魏灭蜀，司马炎替代魏国建立西晋，灭掉东吴，统一中国，百姓得到短暂的和平。

三国初期，中原群雄割据，北方的少数民族慢慢发展起来并建立政权。晋朝开始尚能控制局面，到了晋惠帝时期便出了大乱子。由于晋惠帝是位有名的白痴皇帝，这个白痴皇帝至今仍能让人们记住，大概源于他的一个经典回答吧。话说在晋惠帝执政时期，有一年发生饥荒，老百姓都没有粮食吃，只能挖草根、吃观音土来填肚子，很多百姓更是被活活饿死。消息被报到了宫中，晋惠帝坐在高高的龙位上听完了大臣的奏报后，非常不解。“善良”的晋惠帝便为他的子民出主意，对大臣说：“百姓肚子饿，没有米饭吃，那为什么不喝肉粥呢？”可以想见他昏聩痴顽至什么地步。一国之君是如此德性，还能指望有什么样的朝廷呢？

晋惠帝自己痴傻，不掌实权，朝政都为其妻子贾南风所掌控，于是爆发了有名的“八王之乱”，西晋王朝也接近崩溃。这时候北方的五个少数民族，分别为匈奴、鲜卑、氐、羌、羯，相继混战并走马灯似的建立过十六个国家，最后鲜卑的拓跋氏逐渐胜出并统一了中国的北方，称为北魏。而西晋皇族在南方建立了政权，史称东晋。后来刘裕废晋恭帝，建立政权，南方依次出现宋、齐、梁、陈四个朝代，北方的北魏逐渐分裂成东魏和西魏，又分别被北齐、北周所取代。这就是历史上最为混乱的三国两晋南北朝时期。南北朝的历史一直持续了好几百年，最后隋文帝夺取北方政权，平定南北，最终再次统一中国。

鱼逐水草而居，鸟择良木而栖。北方长期的战乱无法使人愉快地生活，所以人们就想方设法往相对太平、安静的地方流亡。东晋王朝在江南建立后，江南经济和文化也逐渐发展，因此也吸引了中原地区大批士族和民众渡江前来避乱。

一、开始南迁

西晋太康年间，晋武帝司马炎的同母弟弟司马攸被封齐王，时任青州都督。他是个很有政治才能的人，知人善任。听闻青州人鲍叔牙后裔鲍伸（算起来应该是鲍叔牙第二十八世孙）为人品格优良、才能出众，于是司马攸举荐他入朝。开始时鲍伸任国子学博士。国子学是国家的最高学府，不亚于现在的“清华”“北大”；但博士不是现在所说的最高学历博士研究生，而是国子学的老师。国子学的教育对象可都是统治阶级的子弟们，若非学问极高、能力超群是万不能胜任的，鲍伸却在这个职位上干得游刃有余。

不久鲍伸便转任度支尚书。度支尚书是个什么样的官儿？度支尚书演变到后来叫户部尚书，这个应该为我们所熟悉。户部相当于现在财政部，户部尚书就是户部最高长官，主要掌管国家经济，包括户口、税收、统筹国家经费等，其职位大体等同于今天主管财政、税收、民政、金融、公安等部门的国务院副总理。也就是说，此时的鲍伸已是一人之下万人之上了。他为官时，多次向朝廷力陈利民救边的策略，并且数次得到朝廷的肯定和赞赏。后来，鲍伸以有文武之才，拜护军中尉，出镇新安。护军是中国古代高级军事长官，也就是说，司马攸派鲍伸带兵去治理新安了。新安为晋朝的一个郡名，管辖的地方大体相当于今浙江的淳安以西，安徽的新安江流域，西到祁门，往南包括江西的婺源等地。

皖南地区由一个个山间盆地组成，周围高山环抱，盆地中间水源充沛，景色秀丽，土壤肥沃，适于农耕，自然环境极为优越。盆地与外界沟通，多数要穿越一条条狭长的峡谷。这么美的地方，现在的人们都愿意去休闲度假、养生。只可惜，晋朝那会儿的人真没那么悠闲。另外，当时的新安，用“蛮荒之地”来形容绝对不过分，山岭里住的都是剽悍难治的山越人。连诏书都是这么说的：“新安乃万山之中，故盗贼不时往害吾民，特选智勇才全度支尚书臣鲍伸领兵镇守。”

当时，正是晋王朝平定东吴之初，新安又为新立之郡，朝廷担心民心不安，所以特意派重臣带重兵镇守。鲍伸接到任务到达新安后，恩威并施，抚绥有方，百姓各得其所，自然愿意接受改制。鲍伸大半辈子在新安为官，但是暮年还是落叶归根回到了山东青州。

二、从新安到棠樾

在鲍伸镇守新安四十一年之后，他的孙子鲍弘，鲍叔牙第三十世孙，于东晋咸和年间被晋成帝任命为新安太守。经过永嘉之乱后，为避免战争，很多士族“衣冠南渡”，鲍弘正是其中之一。鲍弘任新安太守时候，把一家老小都带了过来，并从此在新安城西安了家，他便是新安始祖。

岁月悠悠，历史的指针很快就指到了南宋。自鲍弘公以后，鲍氏家族大部分人一直居于新安城西。到了南宋建炎年间，鲍荣在徽州府担任“文学”一职，这是个主管教育的官职，大概相当于老师、校长这样的职位。他看到棠樾村环境很好，便在棠樾村头建了一所别墅，取名为“掌书园”，生前还把早逝的妻子葬在掌书园。这个掌书园今天依旧在，就是村中鲍氏始祖的墓园。鲍荣的曾孙鲍居美，彻底将全家从徽州府城西搬到棠樾来，开始了规模宏远的村业。鲍居美有胆有识，经过数十年的惨淡经营，到元代至正（1341—1370年）年间，棠樾村中生产、生活设施都有了良好的基础。

棠樾其实以前不叫棠樾，而叫“唐越”。

故事发生在隋朝末年。鲍氏家族传到这一代，有个叫鲍安国的，家有兄弟三人，另外家族中还有其他堂兄弟七人，十个大家庭总计三百余口同炊共饮，乡邻都称赞他们为“十安堂”。凭着祖上的积累和自己的努力，鲍安国家有良田千顷、金银珠宝无数，可算得上是富甲一方了。隋朝末年，天下又一次大乱，鲍安国连同家族一起，主动捐出家产，募集武士，协助其妻弟汪华起义。

鲍家和汪家的交情似乎是注定的。多少代之后，汪华后人有嫁入鲍家并成为节妇的，这个故事后文有述。

汪华生在南北朝时期的陈朝，自小习武。天下大乱后，他顺势揭竿而起，在姐夫鲍安国及其族人的支持下，很快就占领了包括歙（Shè）县在内的六州。后来，李渊逐渐统一中原后，汪华认识到李渊是个有为之君，便主动率领自己的部下归顺唐朝，使得六州免受战乱之苦。因保卫六州有功，唐高祖李渊任命汪华为歙州刺史，总管六州的军事，并封他为“越国

棠樾始祖鲍荣

乾隆时期的掌书园

鲍居美

公”。人们为了感念越国公的大恩大德，所以把村名改为“唐越”，意思是纪念唐朝的越国公。

那“唐越”怎么又演变成“棠樾”了呢?

《诗经》中有一篇是赞扬古时贤臣召伯的诗《甘棠》，原文是这样的：

蔽芾（fèi）甘棠，勿翦勿伐，召伯所茇（bá）。

蔽芾甘棠，勿翦勿败，召伯所憩。

蔽芾甘棠，勿翦勿拜，召伯所说。

翻译过来就是：

郁郁葱葱棠梨树，不剪不砍细养护，曾是召伯居住处。

郁郁葱葱棠梨树，不剪不毁细养护，曾是召伯休息处。

郁郁葱葱棠梨树，不剪不折细养护，曾是召伯停歇处。

这首诗歌赞扬的是周武王的弟弟召伯南巡宣扬武王的勤政爱民之策，他每到一处地方，从不占用老百姓的民房，而是就在甘棠树下搭建一个茅草棚，听讼断案都在这个草棚里解决。像他这样体恤乡民疾苦、为民众排忧解难的人，深受百姓爱戴，永远活在老百姓的心中。人们感激他，特意保护那棵甘棠树，因此甘棠树逐渐枝繁叶茂，绿荫如盖。

鲍氏家族成为“唐越”的主姓家族后，雅化村名，取其谐音。用《甘棠》中的“棠”字替代了“唐”字，把“越”变成“樾”，“樾”就是树荫的意思，以示纪念先贤、歌颂德政，也劝诫鲍氏子孙要在祖宗的德政荫庇下勤勉刻苦、奋发向上。后来鲍氏家族果然开枝散叶，富甲一方。

第二节　元朝的保卫者

宋朝开始，鲍氏家族南迁后，与之前有些明显的差别。南迁以前，家族成员主要以从政为主，且大都活跃在政治激流的主航道上，他们始终贯彻“从政必须为民”的思想，品格上为人耿直，敢于直面社会中的丑陋与黑暗，这可能是由于家教家风的熏陶，以及遗传因子的影响。南迁新安以后，这个家族更多的是追求“桃花源”式的宁静、和谐，“耕读传家”，“孝悌育人”，开始偏离政治激流的旋涡，生活在总体上就显得较为平和。

一、齐家是另一种从政

悠悠岁月，不经意间，就到了元朝。鲍氏家族中这一世出现了一位叫鲍鲁卿的后代。

鲍鲁卿是后文“父子争死”中鲍寿孙的儿子，他出生在元世祖至元十八年（1281年）。父亲鲍寿孙十八岁就是江东解元，有如此父亲，鲍鲁卿的学问自然不会差。鲍鲁卿从小就非常聪敏，传闻他读书的时候，一目三行，过目不忘，每天能记下数千百言；而且他爱好广泛，上至天文，下至地理，无不涉猎，尤其喜好兵书。

他成长的年代，中国已经实现了大一统，国力空前强盛。在这样的时代里，鲍鲁卿似乎觉得找不到为国家建功立业的机会，而且朝堂上也没有认识的亲朋好友可以举荐他。于是他自我安慰："孔老夫子曾经说过，在家做到孝顺父母，友爱兄弟，又能将这样的孝友之心作为管理家族的指导思想，使长幼都能和睦相处。以这种方式来对政治产生影响，这不也是在从政吗？何必非要人人都去为官从政呢？"

这话出自《论语·为政》篇：或谓孔子曰："子奚不为政？"子曰："《书》云：'孝乎惟孝，友于兄弟，施于有政。'是亦为政，奚其为为政？"

这个事情要追溯到鲁定公初年，有人问孔子说："夫子有那样的理想抱负，为什么不出世去治理国家呢？"当时的鲁国为季氏专权把持朝政，季氏的家臣阳虎为非作歹。一来没有孔子施展抱负的平台，二来孔子也不愿与这群乌合之众为伍，因此他没有轻易地去谋求官职。但是一般人或许并不知道这其中复杂的缘由。孔子也不必要明讲，所以说出了上述那番话。这虽然是托词，但是道理完全没有问题，《大学》中就有先"修身"，再"齐家"，继而"治国"，最终实现"平天下"之说。

鲍鲁卿没有在朝为官，于是也用孔子的话自比。鲍鲁卿心里在想，孝顺父母、友爱兄弟这些自不用说，这一直是他们鲍家的传统——就在不久前的南宋朝末年，由于战争，官兵抓住了祖父，想逼他交出家里的银子，祖父不从，正在官兵要杀害祖父的时候，父亲却出现了，于是出现了祖父和父亲两个人争死以保全对方的壮举，这让鲍家慈孝之名远扬千里。但是，只有这样的话，对家族的影响不够，对社会的影响也不够啊！于是，他想着得先让家里生活宽裕起来，小有积蓄之后，一方面他可以周济乡邻，宣传慈孝友爱的理念；另一方面，子孙衣食富足，不用为生计担忧，可以安心做学问，读书以致用，贡献社会，效力于朝廷。这难道不是比起他自己一个人为官当政要强多了吗？鲍鲁卿这么想着，心里乐开了花。

鲍鲁卿年轻的时候就已经饱读诗书，他有他自己的一套生意经，虽然他没有很快就发大财，但是生意也做得稳稳当当、风生水起，人们都对他表示佩服。元朝著名的理学家郑玉也是歙县人，跟鲁卿是多年的朋友。一次，他们照往常一样，喝着小酒，聊着天，不知不觉，就聊到了做生意这件事上。郑玉对鲁卿的生意头脑非常钦佩，鲁卿笑笑，说："其实也没什么，我的原则是，用人是最重要的，不要去计较一时的得与失。"事实证明，他的做法是可取的，虽然一开始投入的成本会多一些，但是后面的盈利更多。

鲍鲁卿做生意成功，还在于他有非常独到的眼光。比如，他能根据地形、地理位置来判断一块农田是肥还是贫，当然这也得益于他平常看的书多，涉猎的知识广泛，然后能把掌握的理论知识应用到实际生活中来。有一回，有个人认为自己的田过于贫瘠，不论种什么总是收成不好，于是干脆弃耕不要了。鲍鲁卿看到后，便以高价买了回来。家人都十分不解，认为他这是在浪费钱财，谁知鲁卿却说："你们可不要小看这块田哟，它处在河流下游，这里会有足够的河沙冲积，只要耕作得好，必然是一块大肥田的。”后来他采取轮作的方式，果然使它变成了一块良田。

鲍鲁卿生财有道，家境越来越富裕，但是他却依旧像年轻时候那样嗜书如命。即使家务繁杂，生意再忙，他也不忘记时刻给自己“充电”。每天“闻鸡起读”，只要鸡叫声一响起，邻居准能听到隔壁的读书声，风雨不误。饱读儒家经典的鲍鲁卿为人智达，儒家所讲究的“中庸之道”他时刻铭记在心。家里的田产一过千亩，他就告诫儿子鲍元康：“咱们家不能再买地了，否则，将会赋税过重，反而使子孙为之所累。田产一多，白天晚上都疲于应付生意，哪里还能有时间来读书穷理、修身齐家呢？我做生意的初衷是让家族子孙没有衣食之忧，以将心思放在读书做学问上，而不是要家累千金呀！”

也正是秉着这样的理念，在家庭“小康”之后，他就说：“吾将效鸱（chī）夷子皮之为矣。”这个“鸱夷子皮”是谁呢？鸱夷子皮是春秋末期楚国商人范蠡经商时期给自己取的名字。“鸱夷子皮”，原意是指牛皮做的酒器，“酒囊皮子”的意思。范蠡用这个来做自己的名字，看似粗俗，实则大智大慧。因为“鸱夷子皮”在用的时候可以尽情盛酒，容量很大，而不用的时候轻轻一叠，就可收入囊中，不为人所知，这蕴含着能屈能伸、包罗万象、吞吐天地之意。

范蠡本是楚国人，他出身于贫寒之家，但是博学多才，因为对当时政治黑暗、非贵族不得入仕的楚国不满，于是和好友文种一起投奔越国。后来他和文种一起辅佐越王，帮助越王消灭吴国。灭吴后，范蠡不顾越王的极力挽留，功成身退。他还告诫文种一起隐退，说：“飞鸟尽，良弓藏；

狡兔死，走狗烹。”越王为人只可共患难，不可同富贵。但是文种不听，后来果然被勾践赐死。

而范蠡从此化身商人“鸱夷子皮”，西出姑苏，驾一叶扁舟于五湖之中，遨游于七十二峰之间。其间经商三次成为巨富，然后却将家财散尽。他自号“陶朱公”，被后世很多生意人奉为“财神爷”。

鲍鲁卿对范蠡恬淡睿智的生活态度十分欣赏，中年以后，他彻底放弃政治追求，经商理财，享受生活。他依旧爱和老友郑玉喝酒聊天，纵论天下形势，品思古今治乱。每每鲍鲁卿都口若悬河，自三皇五帝说到有元一朝，侃侃而谈、切中肯綮（qìng）。郑玉对他的博闻强识和高瞻远瞩发自内心地叹服：“如果你进入了政界，那你所贡献的力量一定是非比寻常的。”似乎他都在为鲍鲁卿没有从政而遗憾。

二、行义再舍生

鲍鲁卿的儿子叫鲍元康。元康成长于富足的书香门第，自幼便饱览群书，受到良好的教育。

父亲鲍鲁卿和理学家郑玉是多年的老友，元康便师从郑玉，在其门下学习。得到郑玉的指导后，元康觉得郑玉对儒家学说的理解非常到位，便经常和老师一起探讨朱子之学。

鲍元康不仅学问做得好，在父亲的影响下，也是一位理财能手。父亲鲍鲁卿对他的教育方式非常民主，元康尚在年幼的时候，父亲就给他讲一些简单的生意，他听得津津有味之余，还经常主动为父亲出谋划策。父亲逝世后，元康服丧期满，就开始筹划完成父亲生前富足之后要广济博施的愿望。他说："先父勤苦起家，就是想富裕起来后能够带动乡人，况且财产都是有聚有散，元康怎么能不这么做呢？"

于是，他将家里的生意盘算了一遍，然后把每年所获得的收入做了一个分配：拿出其中三份用于一家老小的衣食住行等日常消费开支；另拿出三份用来支付国家税赋和官府要征收的各种费用；又拿出二份用作积蓄，以防水旱灾害；剩下的二份，一份用来赈恤族人、姻戚、乡邻，根据他们的贫困程度及亲疏程度的不同，来分配不同的钱财，另一份，他单独存在别处，随时准备帮助遇到大困难的亲友。

鲍元康就是这样，对于需要帮助的人，他总是竭尽全力去周济。只要是他能做到的，像遣嫁孤女、收养孤子等这样的善举，他向来都积极去做。附近休宁县有个税官，没有达到上税征收额，他为了填补亏空，被迫将自己两个女儿卖入娼妓之家。元康知道后，历尽艰辛，最终还是将其两个姑娘赎了出来，还她们良民身份。

为了周济乡邻，他专门组织建立了社仓，这个社仓在收成好的年份，高于市场价买入粮食，而在歉收的年份，则把粮食低于市场价卖给乡邻们。如果遇到灾荒，穷人没有钱来买米，鲍元康则直接贷给他们，并且不收取一钱利息。他还筹划设置了坊局，用来储备药品，以救助没钱看病的穷人。

理学大师朱熹的家乡婺源，原有祭田上百亩，收入用作祭祀朱子时的开销。谁知，后来被朱氏族中一个无赖给盗卖了。朝廷替朱熹建立了徽国文公庙，朱熹后裔为祭田的事打官司，一直打了好多年都没结果。鲍鲁卿在世的时候，就一直特别关心这件事，很想为其出一份力，但无奈因故没有完成。他去世的时候，还一再交代元康：“将来有机会了，一定要把朱子的祭田赎回，复归文公庙。”父亲过世后，元康狠了狠心，将家里的一片山林卖掉，卖得一万五千余贯银子，终于用其买回祭田，并用作朱子庙的祭祀和修缮等费用，了却了万千书生的一桩心病。

元朝末年，反抗政府的红巾军四起。至正十二年（1352年）二月，听说红巾军已经打到了江西，鲍元康组织乡人，捐财出资，准备自保乡土。后来，红巾军到了婺源，当朝官兵败走，鲍元康与村中长者合计，估计以一村之力很难与红巾军相抗衡，于是他们聚集村中粮食，按人头发放，让大家扶老携幼进山逃避。四月，红巾军攻下了徽州路。主帅刘福通听闻郑玉是个理学大师，便下令悬赏缉拿。作为程朱理学的“忠实粉丝”，郑玉认为一生不可事二主，决定誓死效忠元朝。这时，鲍元康与各位同门商议：“家没了还可以再经营，先生若死了，从哪儿再寻得？我将倾家荡产帮先生解围。”于是派侄子鲍深与郑玉的弟弟郑琏冒死入城，用计策向红巾军某将领行贿，从而使得郑玉能够死里逃生，拾得一命。九月，鲍元康与鲍深、郑琏一起组织义兵，反抗红巾军。不想，元康积劳成疾，起兵月余，就光荣牺牲，时年才四十余岁，死时口中仍大喊着“杀贼”。歙县人听到他的死讯后，感到万分可惜，不惜冒着被红巾军杀死的危险前来为他送葬，那些曾经接受过他救助的邻居乡亲们更是悲痛万分，街里巷中到处哭成一片，仿佛失去了至亲至爱的亲人一般。

几年后，朱元璋攻下了徽州府，有人罗织罪名陷害郑玉。鲍深听说后，一方面让郑玉出逃，另一方面让自己的儿子代替他入狱。郑玉知道后，于心不忍，挺身而出。郑玉在狱中的时候，鲍深的堂兄弟鲍观等人每天都去狱中看望、照顾他。在郑玉还有几天就要行刑的时候，鲍观向郑玉讨字："先生您留给鲍观一句话吧，鲍观以后将用这句话来激励自己。有这句话，就仿佛您一辈子都在我们身边似的，不然，以后若没有了先生您的教诲，我们将如何度过我们的后半生？"郑玉想了想，想起了老友鲍鲁卿为家庭、为乡亲奉献了一辈子，郑玉大笔一挥，写下两个字"亦政"，接着说道："这两个字曾经是你们的祖父毕生所追求的，现在我送给你们，作为你们的堂号吧。所谓父父子子、兄兄弟弟、夫夫妇妇，若人人都能在家做好榜样，那么整个乡村都能得到教化，这也是为政的一种方式。不一定非要有正式的官职，食朝廷的俸禄，做百姓的父母官，才算是为政，送给你们以自勉吧。"后来，郑玉穿戴整齐，慷慨就义，在守将将要处死他时，他先自缢而亡。鲍观为他料理身后事，最为得力。

鲍深后来组织鲍观等门徒，一起创建了以郑玉的号为名的"师山书院"，他自己则担任师山书院的首任山长，是"师山学派"的主要传承人之一。

第三章

孝悌行家有规矩

每个家族都有自己特定的治家理念，有的是通用的，有的是特殊的。鲍氏家族延绵数百年而经久不衰，当然有其特定的治家理念，其中“孝”是一个不可或缺的因素。或许，这种治家理念的流传，需要说教式的教育，但是更多的是体现在一辈传一辈的行动上。由于每一代人都是如此耳濡目染，鲍氏家族的孝顺更像是从骨子里带来的。

第一节　舍妻救母终团圆

鲍元凤，和前文鲍元康是一辈。以棠樾始祖鲍荣为第一世的话，他们是第十一世。

鲍元凤生活在元朝末年，是个大孝子。早年父母都健在，身体还硬朗的时候，元凤对父母早请安晚问候。冬天将要来临，他会提前给父母准备好保暖的衣物，不让他们冻着；天气变热，他每天会把父母房间的门窗打开透透风，让他们不觉得热，以至于他父亲经常对他母亲说："好像每年都感受不到四季明显的变化，冬天不觉得那么冷，夏天也不觉得多么热。"元凤听到，欣慰地笑了。后来，父亲去世，元凤非常难过，但是难过之余，他对母亲更加关怀。因为他知道母亲一定比他更伤心，所以他要用加倍的爱来补偿母亲。

元末红巾军起义，大家都四处逃散，元凤一家也不例外。想到他的老母亲腿脚不灵便，和他们一起逃的话必定会被落下。于是，元凤狠了狠心，将妻子、孩子叫到跟前，跟他们诀别道："老母亲身体有所不便，逃难不太方便，我必须要照顾好她，只怕不能和你们一道走了。你们年轻力壮，自己注意安全，尽快逃走吧！此生有缘再聚！"他再三叮嘱儿子一定要听母亲的话，多担待母亲。忍痛将妻子、孩子"赶走"后，他就背上老母亲，带点简单的行囊，开始了逃亡之路。后来，逃到一座山上，在那里找到一处洞穴，他们母子就暂时在那里"安家"了。"山顶洞人"式的生活缺衣少食，十分艰苦，但是元凤为了让母亲在里面能住得舒服点，想了很多的办法。

趁着贼寇不在的时候，元凤去附近的山林里捡来很多干燥软和的茅草、树叶，铺在地上，尤其把细软的茅草都放在一起，整理出一块软软的地方，然后让母亲坐在这里，这样母亲就不会感觉硌得慌，也不容易生病。晚上睡觉的时候，他让母亲睡在干草厚的地方，地方不够大，他自己则半蜷缩着睡在靠洞口的这边，以挡住风。到第二天，他害怕经过一晚上的浸润，茅草已经不够干燥、不够软和，就又去重新拾回很多干的茅草，给母亲坐卧的地方垫上。每天没有足够的食物来充饥，元凤就尽量地去采摘果子、挖野菜，然后把采摘到的新鲜果子、干净野菜先给母亲吃，自己则总是凑合着吃一点儿。

母亲被他如此细致入微的照顾所感动，不止一次让他自己去逃命，别管她这个风烛残年的老太婆了。听到这话，元凤哭泣不已："母亲，孩儿不孝。您生我养我，经历多少酸楚苦痛，而如今我却连您最基本的生活都保证不了，让您跟着我这么受苦受累，没有办法安享晚年。"母子俩就在一块儿抱头痛哭。过了些日子，听说家乡动乱已经得到了平定，元凤便带着老母亲回家。这天傍晚时分，元凤觉得心跳得厉害，有一种大事要发生的感觉。为了不使母亲操心，没有跟她说。谁知，在一个岔路口他们遇见了他至亲至爱的妻子、儿子，这大概就是心有灵犀一点通吧，要不然元凤为什么心跳加速呢！看着妻、儿衣衫褴褛、面容憔悴，元凤内心充满自责，但是一家人总算是再次团聚了，夫妻俩竟喜极而泣。

后来，回到村里，他们发现很多乡邻都是一家出去逃难，最后有的在路上遇难，有的走散了失去消息，只有他们一家人，是分开出去，却是团聚归来。元凤母亲流着泪说道："我儿抛妻弃子，救我于危难之中，后来我们竟再次相遇，而今又重新团聚在一起，看来是老天有眼，善待我这孝顺的儿子啊！"

第二节　在外行商不忘父

徽州地少人稠，男子在十几岁时就出去学做生意的情况很普遍。

鲍剑，今年已经十七周岁了，至今还在家里同父母一起耕田劳作。隔壁家的小强，从小跟他一起长大，比他还稍微小点，在四年前就跟着大一些的同乡出去了，今年“双抢”时节特意回来帮忙农作。刚回来，小强就赶紧来找他儿时的伙伴，跟他讲在外面看到的大千世界、做生意遇到的各种事情。鲍剑听着笑了笑，可父亲却听得入了神。鲍剑知道，父亲又该旧事重提了。果然，小强走后，父亲就催促他这次跟着小强出去，不要再留在家里了。鲍剑知道，他不能再像以前一样，继续以年纪为借口“赖着”不走了。其实，鲍剑不出去是有原因的。

鲍剑的父亲小时候不小心掉进河里，从此落下了风湿的毛病，徽州又是雨水频繁的山区，一到下雨天，父亲的风湿病就会发作，肩膀、腿上各个关节都疼痛难耐。虽说家里还有母亲，可是母亲终究是一个女子，干起重体力活来自然没有男人那么大力气。所以，鲍剑一直“赖在家里”，把家里的重活儿全包了。这样，父亲就不用太费力，母亲只需要做那些轻便、简单的活儿就好。

在父母的强烈要求下，鲍剑只得跟着小强一起出门学做生意去。临行前，他叮嘱父母一定要注意自己的身体，别干太重的活。他出去会努力学习，一挣到钱就会带回家来。他又给父亲抓了几服药，把家里的地都翻了一遍，才依依不舍地出了门。鲍剑跟着小强出了门，两个儿时的伙伴，风雨同舟，在生意的天地里闯荡着。鲍剑虽然出来了，但是其实他心里无时无刻不在想着念着他的父母，尤其是父亲。他知道，父亲个性好强，不愿意接受别人帮助，即便身体不大好，一遇到事情，他肯定还是会亲力亲为。鲍剑唯有更加努力奋斗，让父母不再为生计发愁，不用再操劳辛苦，他才心安。

鲍剑很能吃苦，他跟着小强，在湖广、江西等地几经辗转。小强虽然比他早出来几年，但是以前由于年纪小，只能跟着老乡们认认门路、帮着打打杂，他并不比鲍剑强多少。他们依然一起跟着徽州老乡们四处行走，积极向经验丰富的前辈学习。到了山林地区，他们俩自己贩了点木材，准备顺着河流一路运到下游地区，然后卖掉。但是，事情却没有他们想象的顺利，到了下游，他们一家一家地问木材铺，人家都有固定的木材来源，不愿意接他们的。这可把两个小伙子给急坏了。还是小强有经验，他提议，他们把木材低价卖给老乡，继而再由老乡出手。他俩比较幸运，有个老乡，看到他们后生出来做生意不容易，便把他们介绍给他熟悉的买家，并且愿意做他们俩的担保人，这样，他们的木材才得以顺利脱手。

有了这第一趟生意，之后他们的生意就好做起来了。由于鲍剑和小强两人都是实在、憨厚的性格，他们在选择木材的时候，总是精心挑选，哪怕价格贵一点，也一定要保证质量上乘。然后卖的时候，还是以原来定好的价格出售，这样买家也渐渐知道他俩是厚道生意人，都愿意跟他们做生意。他们每完成一笔生意赚得的钱，鲍剑都分成几份。其中留出一半用来做本金，下一趟生意还要继续用；剩下的一半，他拿出三分之二存起来，每月定期给家里寄回去，留三分之一给自己，以维持日常开销。

这天，两兄弟像往常一样挑选木材，他们又要开始新的一趟生意了。可是，鲍剑当天却格外地思念家人，他忽而觉得面部红热，忽而觉得心跳加速，小强都感觉出他有点不对劲。鲍剑心不在焉，总感觉有什么事情要发生。“不好，父亲生病了！”他叫了一声，然后再也没有了去选木材的心思。他急急忙忙对小强简单交代了一下，就马不停蹄、快马加鞭地往回家的路上冲去……真是父子血脉相连，心有灵犀。回到家，真如他所料，父亲病在床上，母亲在一旁哽咽，大夫则在一侧摇头。看到鲍剑回来，母亲既感到意外又十分惊喜，竟忍不住哭出声来。大夫看到鲍剑，给他说了一番其父的病情，表示无能为力，便走了。鲍剑痛心不已，安抚了母亲，然后看着躺在床上的父亲，心中万分难过。

看了看家里的田地，庄稼都长得很喜人。看到鲍剑回来，乡邻们都热情地跟他打招呼，鲍剑从他们口中得知，父亲果然是累坏的，他放不下地里的活，又不舍得让母亲劳累。唉，可怜的老父亲。都说男儿有泪不轻弹，鲍剑没忍住，流下了难过的眼泪。

此后，他多方打听良医，只要听说哪里有医术高明的大夫，他就不远千里，定将医生请来，并亲手为父亲熬药，经常彻夜不睡。他白天细心为父亲擦洗身子、按摩肌肉，生怕父亲在床上躺久了身体会僵硬；晚上则虔诚为父亲祈祷，叩头到流血也丝毫不在乎。经过他悉心的照顾，父亲的病情竟渐渐有了起色，慢慢地好了起来。乡亲们都为鲍家又出了一个大孝子而感动。

第三节　念老母兄弟争死

鲍允亨，自鲍氏在棠樾落地生根以来，他是第十三世孙。他的五世祖，是南宋末年的鲍宗岩，鲍宗岩和鲍寿孙父子争死的故事，感动天地，后世还为他们专门立有一座牌坊，鲍氏家族“慈孝世家”的美名也得以流传千里，此事后文有表。按说鲍允亨才是主角，为什么要提到鲍允亨的五世祖呢？这是因为在鲍允亨身上发生了一件事，这件事的奇妙之处就在于它简直和当年鲍宗岩遇到的事情如出一辙。

话说这是快到了年末，鲍允亨和弟弟在外经商一年，准备回家过年去。由于兄弟两个人互相帮衬着，又年富力强、吃苦耐劳，他们当年小小赚了一笔，心里美滋滋的。因为在湖广经商，所以他们计划回去的路线是，从长江坐船到徽州，在安庆附近上岸后再赶陆路回歙县。很快，他们就等到了一条船，与此同时也等来了同行的人，其中有几个也是要回徽州的。有句老话说得好：“老乡见老乡，两眼泪汪汪。”这话放在明朝，同样适宜。出门在外不易，碰到徽州老乡，备感亲切。因为几乎都是商人，这让他们很快就熟悉了起来，从家庭到生意到学问，无所不说，无话不谈。

放眼望去，两岸风景如画。想到马上就要到家，大家的心情都十分美好，时间如同船下的河水一样，悄悄地流走了。到了一个叫繁阳的地方，船家提议稍作休息，正好上岸吃点东西补充点能量，一船人欣然应允。将要走时，有三个人要来搭船。只见这三个大汉，个个人高马大的，身着粗布衣，肩扛大麻袋，脚踩烂草鞋。他们声称也是在外做生意的，不过运气不好，赔得血本无归，无钱搭船回家，希望顺个路，能捎上一段。船上人说法不一，有同意的，有不同意的，一下子就议论开了。鲍家兄弟相互对视了一眼，哥哥鲍允亨站了出来，对船家说："大家出门在外，都不容易，能遇见就是缘分；再说这节骨眼上，马上就要过年了，这三位兄弟又生意赔本，只怕我们不顺他们一程，他们可能就这样流落他乡了。这样，他们三位的费用我来出，船家您就做个顺水人情吧！"大家听到他连费用都包了，也不好再说什么，那三位千恩万谢便上船了。

这三位上船后，自我介绍说他们叫"大虎""二虎""大龙"，对鲍氏兄弟格外热情，嘘寒问暖的。他们说，"大哥您这么慷慨，小弟我们无以为报，只有以兄长相称，报答您的大恩大德"。鲍允亨很高兴，一来他做了善事，二来他结交到了朋友，所以心里很痛快。三位壮汉热情地跟鲍允亨哥儿俩攀谈，家住什么地方，出来几年了，做的哪行的生意，盈利如何，并且表示来年要和"大哥"一起，愿意帮"大哥"打下手、干杂活，跟着跑腿。鲍允亨都一一作答，也欢迎他们来和自己做伴。

谈着说着，大家的高兴劲儿丝毫不见减退。突然船家的副手来到人群中间，清了清嗓子，说话了：“大家注意了，前面我们马上要到达的地方是螃蟹矶。这个地方，有个大旋涡，每年都有很多船只在这里淹没。船上配有竹筏，大家整理好自己的行囊，随时准备登岸。”听他这么一说，船上的人瞬间都神情紧张、面色沉重了起来。再向前面的江面望去，好像确实有一个大旋涡。鲍允亨有过出船的经验，他仔细看了看远处的旋涡，又观察了一下船体，再清点了一下船上的物品，他向船家建议：“不如就在此处靠岸吧，看这天色，只怕今天会下雨，下雨江面涨水，旋涡更不好过，我们且在这里休息一晚，等天气晴朗，再行船会容易过去一些。”船家观察了天色，深表赞同，于是他们都上岸了。

“大虎”“二虎”“大龙”既已认了鲍允亨是“大哥”，他们自然跟着“大哥”走，“大哥”“二哥”去哪里，他们就去哪里，再说他们“生意赔本”，身无分文，也没法住店。鲍允亨兄弟便和他们三位一起住了一家店，只不过那三位住在隔壁房间。一切似乎都很正常。用过晚饭后，船上其他人都各自回了各自的住处。鲍家兄弟也回了房间，正准备歇息，忽听见敲门声：“大哥、二哥，晚上菜太咸，我们给你们送茶水来了！”原来是那三位，鲍允亨想，这几个兄弟还真是义气啊！一开门，只见那三位满脸堆笑，看得鲍允亨有点瘆得慌。还不等鲍允亨说“请进”，他们就已经进来，顺便把门关上了。鲍允亨心里正不解呢，“嗖”的一声，三个壮汉同时抽出白晃晃的刀，鲍允亨心想坏了！不等他说话，三人中名唤“大虎”的那位说话了：“大哥，二哥，呵呵呵，你们好啊！”他的声音阴阳怪气。“咱们已经是老熟人了，明人不说暗话，这马上就到年根了，你们是挣了大钱的人，不妨分给小弟我们点儿吧，啊，哈哈哈！”说着同另外两位对了下眼色，原来这三位是职业强盗。“哥，咱也别跟他们废话了，速战速决吧！”“二虎”对“大虎”说道。不由分说，三个人便把鲍允亨兄弟五花大绑。“千万别叫，我们这刀子可没长眼睛，不小心划到两位哥哥了，那就得罪了。”“大虎”拍了拍鲍允亨的脸说。然后他们便开始在房间里翻箱倒柜。鲍允亨兄弟不停地辩解：“我说三位啊，咱们好歹相识一场，我们还这么帮助你们。你们手下留点情，我们……”“闭嘴！”“大龙”显然不耐烦了，不想听他们说话。“帮助？真可笑。谁要你们的帮助？快说，银子放在什么地方？”说着拿刀冲着鲍允亨就过来了。鲍允亨心想，这回只怕是活不了了。就在刀及脖子时，他大呼：“家有老母，你们杀了我后不要再杀我弟弟。”话音刚落，弟弟便呼：“你们来杀我，不要杀我兄长！”“不，弟弟年纪尚轻，将来定大有作为，你们杀了我，留下我弟弟，让他可以照顾家里的老母亲。”鲍允亨坚持道，声音都有些哭腔了。“兄长是家里的长子，你不能死，咱们鲍家要靠你传续香火。你们来杀了我吧，你们快点来杀了我吧！”弟弟对着强盗大吼。兄弟二人互相要求保全对方，争执不下。这让三个强盗又惊讶又有一丝感动。

说也巧，就在这个时候，天上一声惊雷响过，与此同时，门外渐渐传来说话声。原来，同船的人想来想去，觉得这三个大汉不像好人，所以特意过来瞧瞧鲍氏兄弟，没想到，刚到门口，就听到鲍允亨兄弟的争吵声“杀了我吧！杀了我吧”。这让大家急坏了，慌忙把门撞开一看，才知险情。顿时，有的拿椅子，有的扛凳子，有的抓起桌子上的茶壶，目之所及，有什么拿什么，都朝着三个强盗扔去。强盗虽有刀，但是也敌不过这边人多势众，几个回合之后，那“大虎”喊了声：“撤！”三人便落荒而逃。大家着急救人，加上外面已是电闪雷鸣，大雨倾盆，便任由他们去了。

大伙看到兄弟二人互相争死的场面，无不为之动容，纷纷说，或许正是他们这样无私的情怀感动了上苍，这才让弟兄二人都得到保全。

第四节　善心定会得善报

鲍德成，字文化，是棠樾鲍氏第二十二世孙。他生性善良，慷慨好义。

鲍德成的父亲是一个普通的徽州男子，他的命运也和其他普通的徽州男子一样，为了一家人的生活，常年出门在外谋生。他虽然是个生意人，但是却一心希望儿子做个读书人，将来参加科举，继而入仕谋个一官半职，那是他心里认为的最能光耀门楣的事情。所以，鲍德成从小就在父亲的严格要求下背诵儒家经典。让父亲感到欣慰的是，鲍德成从小就显示出了非凡的记忆力，像《论语·学而》这样的篇章，他读几遍几乎就能一字不落地背诵出来，小德成让家人信心满满。小的时候，鲍德成是跟着村里的老秀才一起念书习字，秀才先生常常夸他是个可造之材，将来定能有大出息；等到他稍长些，秀才先生那儿的知识已经不够他学了。在先生的举荐下，他便去了离家远一些的书院。离家前，家里为他娶了妻。

父亲在外做生意，没有办法时刻监督德成，但是他又非常想知道儿子的近况，所以父子之间常年书信往来不断。父亲会告诉德成自己最近都在忙什么生意，盈利如何；德成会告诉父亲最近读了什么文章，跟先生学习情况如何，有哪些想法，等等。父亲每次收到德成的信，看到德成关于孔孟之道的见解，都喜出望外，常常忍不住跟同乡们分享德成的书信。鲍德成像往常一样，鸡鸣而起，在书院里读书，这年他要去参加县里的童生试，在和父亲的书信交谈中他也表达了这个愿望，父亲非常支持而且非常高兴，让他好好准备，他等着好消息传来。

父亲看着手中儿子的信件，知道儿子要去参加考试，即将出人头地，内心有说不出的高兴，看着看着竟流下了眼泪。其实他给儿子的信中，有一件事没有说。一来他不想让儿子替他担忧，从而分心；二来他知道儿子即使知道也帮不上什么忙，告诉他的话无非徒增他的烦恼而已。原来这段日子，他经常感觉到腹部疼痛难忍，到大夫那儿瞧了一番，大夫说他的胃只怕不行了。给他开了药，他也在吃，只不过好像没有任何效果，依然每天痛得死去活来，只差流眼泪了。如果说以前是由于生意要忙前忙后，没能按时吃饭的话，现在则是由于腹部疼痛，根本无法进食。当然，所有这些，他是不会让儿子知道的，其实他自己并不担心自己，他害怕的是，自己将不久于人世，这样便不能亲眼看到儿子高中榜首，不能再分享儿子读书的喜悦，不能等到儿子完成人生大事，不能再与妻子举案齐眉，不能共享天伦之乐……

虽然有同乡在照顾鲍德成的父亲，但是还是没能保住他的性命。望着他已经离去的安然的面庞，同乡不知道该怎么处理。正巧，这时收到了一封写给老鲍的信。同乡是个没上过学的粗汉子，大字不识几个，他把这封信拿给一个私塾先生看了看，才得知原来这老鲍的儿子鲍德成在童生试中取得了头名的好成绩。他心里真是替老鲍惋惜，儿子这么出色，他却无福分享这份喜悦。他让私塾先生按着信中的地址给鲍德成回了一封信，告诉了他父亲的死讯。

再说鲍德成这边，他非常高兴，第一次参加考试就取得了这样的好成绩，别看他现在年纪挺小，只有十五岁，但是他通过了童生试，已经是秀才了，以后见到县太爷他就不用下跪了。鲍德成一边收拾行囊，嘴上不自觉地哼起了凤阳小鼓。他打算回家一趟，把这个好消息告诉族人，家族里虽然在外经商的多，但是大家都对科考士人怀着崇高的敬意；另外，他十分思念母亲和妻子，尤其是妻子，新婚燕尔，他就出门求学去了，母亲也由她一个人照顾，他心里觉得很过意不去。

鲍德成和书院先生、同学一一道别之后，满心欢喜，彼此约定好再见的日子，就准备走了。这时正好看到书院门童送信来，不用看，他就能猜到肯定是父亲的回信来了。果然，他接过信一看，确实是来自父亲那儿，只不过今天这字好像跟父亲往常的不太一样。没有多想，鲍德成心情愉悦地拆开了信封。可他的心情马上就来了个一百八十度的大转弯，看信才知道父亲病了有一段时间，一直是一个老乡伯伯在帮忙照顾，接着他猛然看到四个字："尔父病故。"突然他感到整个世界变得异常安静，他听不见任何声音，也看不到任何东西，只觉得眼前一片黑暗，站立不稳；抱着行李的手突然没了力气，行李掉在了地上，他也感觉不到，就连心脏仿佛也在这一瞬间停止了跳动，他就要窒息了……只觉得两腿发软，他瘫坐在了地上，两眼呆呆的，自言自语道："怎么可能呢？父亲明明好好的，上个月还同我写信，鼓励我努力上进，好好读书。父亲身体一向很强健，这怎么可能呢？”同学出来看到这一幕，赶紧一起把鲍德成扶进了屋，知道原委后，纷纷赶过来安慰、照顾他。他缓过神来后，该解决的事情还是得解决。鲍德成打算，无论如何，得先去把父亲的灵柩接回来，至于他的学业，那相比于此是不重要的。于是他含泪跟书院的先生、同学挥手再见，这次只怕是“再也不见”了！

一刻也不能耽误，鲍德成立马就往父亲经商的地方赶。虽说他是土生土长的农家人，从小也没少干活，但是毕竟有父亲这根顶梁柱，他又在全家人的希望下，从小更多的是读圣贤书，所以经历的磨炼少了些。才走一天，他就发现自己的双脚已经被磨得长满水疱，一走路，水疱就破了，走起来生疼。这也没办法，这点小事比起父亲的事情，压根就算不了什么。就这样，鲍德成紧急地赶路，为了节省时间，他一路上只啃馒头，因为馒头容易有饱腹感，又携带方便；晚上实在走不动了他便在路边躺一会儿，不到一两个时辰就又起来重新赶路。幸好有地址，鲍德成方向非常明确，不用大海里捞针般一户一户挨着问，这点是心里最安慰的。很快，他就找到了父亲行商所在的地方，一打听，就找到了同乡的伯伯，继而看到了父亲的灵柩。虽然他看到信以后知道同乡伯伯肯定不会骗他，但是在赶过来的这一路上，鲍德成心里总抱有幻想，多么希望父亲只是一口气上不来，后来又起死回生了。亲眼看到在灵柩里安详地躺着的父亲，他彻底绝望了，父亲真的就这样离他远去了。实在是没忍住悲伤，鲍德成又痛哭了一回，看得旁人都为他落泪。

在外经商的徽州人都是一条心，他们非常想帮助鲍德成，好几个人表示要和鲍德成一起送父亲回去，但是鲍德成都含泪拒绝了。他知道父亲是个要强的人，即使在最落魄的时候也自立自强，所以他也有父亲的风骨，自己能做到的事尽量不麻烦别人，更何况，他也知道，同乡们还有生意要忙，哪能耽误他们？最后，同乡们没办法，只得帮鲍德成雇了一辆马车，好让他能把父亲的灵柩运回去。鲍德成谢过他们，便带着“父亲”回家了。

这一路，鲍德成不断和“父亲”说着话，说到伤心处他就忍不住哭了起来。他非常后悔没有和父亲一起出来，如果有他在身边照顾着父亲，或许就不会是这样子了，这也让他在心里做了一个决定。他费尽辛苦回到家，母亲和妻子自然是痛哭了一番，不过还是尽快给父亲办完了丧事。然后，鲍母便给鲍德成准备东西，好让他接着去求学，她知道他这次考的成绩非常好，心里满是安慰。但是鲍德成拉过母亲的手，告诉她，他不再出去求学了，他要在家里和妻子一起照顾母亲，绝不再允许发生父亲这样的悲剧。他说得义正词严，态度非常坚决，让母亲都不能反驳。

书院的先生、同学还都等着鲍德成回去呢，他天资这么好，是大有前途的。没想到，那声“再见”竟真成了“再也不见”！从此，鲍德成安心在家里，和妻子、母亲一起从事农田耕作，保护着他生命中最重要的两个人。母亲病了，他日侍汤药，亲洗便器。他自己过日子，非常节俭，但是对于乡里的事情却从来都很热心。村里有一条河流，多年来河流两岸的人往来通行十分不便，他组织修建了雁塔、德安二桥，还置田赡养族内的孤寡老人，被乡人称赞。

鲍德成的妻子方氏是一位孝顺、善良的女子。一次，她见过路的人非常辛苦，便萌生出一个想法，在村头的大树下搭建了一个小篷，免费给路人提供茶水解渴，她的想法得到全家人的肯定，后来她一直坚持了下来，刮风下雨也从不耽误。鲍德成去世后，她像丈夫一样待婆婆如亲妈，孝顺备至。有一次婆婆生病，她日夜照顾仍不见好，便祈求上天让她来代替婆婆生病，此时，天际祥云万仞，照耀盈庭，婆婆的病因此好转，人们说这是孝诚所致。正是有她这份孝心，鲍母才安详度过了晚年。

她自己也很长寿，在她百岁之际，收到了很多贺礼，她将这些贺礼全部捐出，并在丈夫修建的雁塔桥畔又搭建了一座凉亭，功德圆满安详离去。方氏因守节、孝顺、乐善好施而誉满乡里，乾隆七年（1742年）腊月，获得奉旨建坊的殊荣，这就是现在歙县蜀源旌表贞寿的百岁坊。

第四章

每座牌坊都有故事

徽州被称为中国的“牌坊之乡”。有资料统计，古徽州地区原来有牌坊一千余座，经过岁月的洗礼，现在尚存一百二十九座。在徽州众多的牌坊中，无论是从数量还是造型等方面来说，歙县棠樾的牌坊群都可算是其中当之无愧的佼佼者。

棠樾位于歙县县城西南十五里，是一个环山绕水的优美村落。如果到棠樾村去，一进村口，首先映入眼帘的即是七座高大巍峨的石牌坊。

牌坊到底有什么魅力，让我们的先辈这么钟情于它们呢？那就让我们一起走近牌坊，探个究竟。

棠樾牌坊群

第一节 牌坊的前世今生

牌坊是中国古代的一种建筑，用来旌表有特殊、优秀事迹的人，一般使用木、石、砖等材质建造而成，牌坊上面刻有题字。

牌坊形制上早期的雏形应是衡门。所谓衡门，就是两根立柱上面横置一木而构成的门。如果把衡门的两根立柱升级成华表——华表古称“桓表”，是古代宫殿、陵墓等大型建筑物前面作装饰、纪念用的巨大石柱——上面再建一个檐顶，实际上就是简单的牌坊了。

而牌坊功能上最早的雏形应从“里坊制”说起。中国古代城市的基本居住单元是“里”“坊”，从春秋到唐代，里坊一直都设有围墙，坊墙中间设“坊门”，方便人们通行，如果里坊里有需要通告表彰的人，官府一般会张榜悬挂于坊门上。这也是后来牌坊最主要的功能：旌表。到了北宋中叶，里坊制废弛，此时的坊门逐渐成为象征性的大门，坊制的解体最后导致坊门脱离了坊墙，形成独立式牌坊，进而在牌坊的基础上形成牌楼。

在古代，若想申请建立一座牌坊可真是件不容易的事情呢！对于牌坊的建立，首先是家人、朋友向地方官府提出申请，地方官府审核通过之后，再逐级向上申报、审核，最后得到皇帝恩准；或者是因表现十分突出，由皇帝直接封赏，才能建造。

“扬州八怪”中的黄慎，以诗文、狂草和绘画闻名，他的绘画经常塑造一些社会最底层的平民，诸如乞丐、纤夫、渔民等形象，是一位心系百姓的画家。黄慎还是一个大孝子，他幼年丧父，他的母亲曾氏靠做女红换点粮食把他和弟弟拉扯大，还照顾年迈的老祖母直至寿终正寝。黄慎后来奋发向上，终没有辜负寡母的辛苦培养。在扬州有了一点小名气，家庭也不那么拮据之后，黄慎就想把在老家的母亲和弟弟接来享福，可母亲在扬州待一段时间后觉得不适应，还是想回家乡，并且还一再嘱咐黄慎在扬州好好发展，千万别记挂他们。孝顺的黄慎知道母亲舍不得那个她生活了一辈子的小地方，于雍正十三年（1735年）毅然决然跟着母亲回去，在家乡一边作画一边照顾母亲。这段时间黄慎奔波各地，除养家糊口之外，心中还有一个愿望，那就是想为他母亲曾氏申请建立一座贞节牌坊，感谢母亲大半辈子的守身如玉和含辛茹苦的付出。

可是想建一座牌坊哪有那么容易，先得经过官府层层审批，最后经过皇上同意，由政府发文表彰，才能名正言顺地建立起来。黄慎不是“富二代”，更不是“官二代”，只是一个无权无势的小老百姓，这让他的申请一次次石沉大海，没有任何回应。为了打通各方关系，他省吃俭用，积攒起每一分钱。可是约在乾隆十一年（1746年），其母亲曾氏去世了，申请旌表的事情却依旧没有任何进展。黄慎伤心之余，还是风风光光让母亲入土。办完丧事后，黄慎一贫如洗。据说黄慎的妻子终年赤脚，新年的时候他连给妻子买一双新鞋的钱都没有。直到乾隆十六年（1751年），黄慎的申请才被批准，官府终于把旌表曾氏的文书发了下来。而这距离黄慎申请建立牌坊已经过去十六年了，其间曾氏都已亡故。我们或许还应该替黄慎感到庆幸，虽然时间长了点，但是他的申请最终还是成功了，他母亲的忠贞将流芳千古。

经过严格的审查、烦琐的程序，如果一个人的申请能像黄慎这样，被皇帝恩准，获得建造牌坊的资格，那么对于这个人、这个家族乃至这个地方来说，都是一种至高无上、无与伦比的荣耀。但是，即使是这样，牌坊的规格，也有严格的等级限制，最简单的牌坊是二柱一间式，“柱”就是支撑牌坊的大柱子，“间”是每两根柱子之间的空当，还有四柱三间式、六柱五间式，不管几柱几间，柱总是双数，间总是单数，柱子和间数越多说明牌坊的规格越高；在连接两柱的额坊上再施加斗拱和屋顶，这样就变成了更加复杂、华丽的牌楼了。只有在帝王神庙、陵寝才可用到非常宏伟壮丽的“六柱五间十一楼”，一般臣民能建到“四柱三间七楼”都已经表明其行为非同一般了。

鲍氏家族的孝子节妇们，他们的牌坊又有怎样的规格，拥有怎样不一般的故事呢？棠樾村现在有一个牌坊群，一共七座牌坊，这七座古老的牌坊正是对鲍氏家族的忠、孝、仁、义的表彰。一座座牌坊就像一个个饱经风霜的老人，静静地伫立着，见证着苍茫大地上这个古老家族的悲欢离合。

第二节　父子争死名远扬

鲍宗岩，是棠樾鲍氏的八世祖，字傅叔，号熙堂，自幼读书，博通经史，以修身行义为先。

鲍寿孙，鲍宗岩独子，字子寿，号云松，从小就聪颖过人，南宋咸淳三年（1267年）十八岁时，就考取了江东的解元。

提到状元，大家都很清楚，那是古代读书人日复一日鸡鸣而起、手不释卷努力学习所要达到的目标。要说这解元，很多人会觉得不是很熟悉，但是解元也不是轻易就能考中的。

科举考试自隋朝设立以来，经过唐朝的发展，已经逐渐完备。宋朝时期，总体上承袭了唐朝的考试制度，但是又有一些新的发展，宋朝的解试、省试跟唐朝相比变化不大，最大的变化是殿试的制度化。解试是宋朝州、府一级举行的考试，相当于后来明清时期的乡试，考试合格者称为举人，第一名称为解元。

在清代，乡试之下又增加了童试一级。一个考生要想参加乡试，首先要参加本地的童试，考过了叫童生。童试本身又分为县试、府试、院试三级，考试通过了叫秀才，秀才有一些特殊待遇，比如见官可以不用下跪；之后依次往上考，通过省一级乡试的叫举人，只有中了举人才有做官的资格，这也是古时候大多数士人的梦想；通过国家级的会试叫贡士；最后，参加皇帝主考的殿试，考中了叫进士，其中一甲的第一名叫状元。

现在的古装剧里经常看到一个读书人发奋刻苦，然后就高中状元了。然而事实上，科举制度自隋朝产生到清末废止，前后经历一千三百余年，产生的文、武状元加起来不过七百余人。很多人，一辈子熟读“四书”“五经”，参加考试无数也只中个举人或者秀才，不用说更多的人是淹没在泱泱科举长河中了。

鲍宗岩

鲍寿孙

清代吴敬梓《儒林外史》中有一个“范进中举”的故事。主人公范进是个士人，他一辈子生活在穷困之中，又不停地应试，考了二十多次，到五十四岁终于中了个秀才。然后他倾尽所有参加乡试中了举人，可面对这一结果，他一开始竟然不相信，《儒林外史》生动地描述了参加科举考试的考生的心态。范进最初说：“高邻，你晓得我今日没米，要卖这鸡去救命，为甚么拿这话来混我？我又不同你顽，你自回去罢，莫误了我卖鸡。”到后来他被拉回去见到喜报帖：“看了一遍，又念一遍，自己把两手拍了一下，笑了一声，道：‘噫！好了！我中了！’说着，往后一交跌倒，牙关咬紧，不省人事。”……最后便开始疯跑，还是被岳父胡屠户打了一巴掌才清醒过来。范进中举后喜极而疯的故事或许有被作家夸大的成分，但是却不失生动地描绘出科举考试考中秀才、举人的艰辛历程。

当然，鲍宗岩天资也许比范进要好，或许他比范进更用功，也或许他比范进更走运，总之，他尚未弱冠就已经高中举人了，不仅是中了举人，而且还是考取了第一名。这样，鲍宗岩就有了做官的资格。他先后在徽州、宝庆两路担任儒学教授。

宋代的“路”大约相当于今天的省。“教授”是地方教育官员，是个正七品的文官。“教授”职责在于总领州学，并以经书、儒术、行义训导诸学生徒，掌管功课、考试一类的事情，纠正违犯学规的人。大抵相当于今天地市的教育局局长吧。

不过，让鲍氏父子美名远扬的却并非他们的学问，也不是他们的官位，而是两人争相保全对方性命的一次壮举。后人于明朝永乐十八年（1420年）建筑了这座纪念他们勇敢行为的慈孝里坊，这也是鲍氏家族最

慈孝里坊

早建立的牌坊。牌坊上永乐皇帝朱棣的御制诗文现在依旧隐隐可见：

父遭盗缚追凶危，生死存亡在一时。
有子诣前求代死，此身遂保百年期。
救父由来孝义深，顿令强暴肯回心。
鲍家父子全仁孝，留取名声照古今。

诗文赞扬的是鲍氏父子父慈子孝的仁爱精神。

改朝换代之际，必是兵荒马乱之时。

南宋王朝虽是我们正史上的一个朝代，但其实它的疆土不过现长江中下游一带几个省份而已。北有金、西夏，西南有大理，西北是吐蕃、西辽等。南宋偏安一隅，中国四分五裂，不过，这样的局面很快就要被打破。

因为这时，蒙古族的铁骑已经是所向披靡。在守城的将士不知自己还能坚持多久的时候，徽州府守军李世达却趁机起兵叛乱了。在这个乱世，成者为王败者为寇，我凭什么不能分一杯羹？可以猜想，他的心里一定是这样想的，因为至少他就是这样做的。要想吹响造反的号角，资金是必不可少的。不给士兵们好处，人家凭什么跟他呢？朝廷现在可是泥菩萨过河——自身难保，万万指望不上的，若能指望，他也不会铤而走险呀。所以为了维持庞大的军事开支，他开辟了一条新道路，那就是抢劫！

位于徽州府的棠樾村当然没能幸免。鲍宗岩家虽说不上大富大贵，也可算得小康水平，他当然不愿意自己几代人辛苦经营的家业就这么拱手让人。于是为了躲避劫匪，他藏在了山林里面，不凑巧还是让叛军们抓住了，叛军把他绑在树上，拿出长刀准备杀了他。说时迟那时快，突然从后面飞跑出来一个人，嘴中大喊着“刀下留人，刀下留人啊”。叛军们正被这大叫声惊住，那人却已经跪倒在了面前：“我愿替我父亲受死，请放了我父亲！”来者原来是鲍宗岩的独子鲍寿孙，这也把绑在树上的鲍宗岩着实吓了一跳。拿刀的叛军见此情形，刀锋一转，便对着鲍寿孙而来。这却引来了鲍宗岩的大哭：“我就这一个儿子啊，如若你们杀了他，那我家宗祠就绝了。我老了，你们杀了我吧！”于是父子二人互相争死，哀声不断。叛军确实被眼前这一幕吓住了，从未见过还有争着去死的人。这也让他们想起了自己的一家老小，若不是这世道太乱，若不是朝廷连年拖欠军饷，怎么会落得这地步？谁会愿意出来干这人人唾弃的事儿，让家人担心呀？

正在他们犹豫不决的时候，突然狂风大作，声震林谷，其势就好像千军万马奔腾而来，叛军相视惊愕，以为追兵来了，顿时阵脚大乱，立马放弃鲍氏父子惊慌而逃。这样鲍宗岩和鲍寿孙便都得以保全性命。事后，叛军们返回村中，一无所得，怒火之中便将棠樾村焚毁而去，村中的屋子几乎都化为灰烬，但鲍家却保存了下来。乡邻们惊叹，纷纷认为这是鲍氏父子的争死举动感动了天地，因而得到了上天的回报。

从此，鲍氏父子父慈子孝的美名便流传千里，鲍氏家族也因此被称为“慈孝鲍家”。

第三节 替母吮疮孝行记

鲍灿孝行坊，严格来说，其实是一座四柱三间三楼式的青石质牌楼。明嘉靖十三年（1534年）奉旨而建，宽9.54米，高8.86米，上题“旌表孝行赠兵部右侍郎鲍灿”。鲍灿一生虽饱读诗书，但是在仕途上却并没有那么积极，他自己肯定也想不到死后居然能当上“兵部右侍郎”这么大一官。

鲍灿生于明朝成化年间。徽州很多家族都世代经商，这也是鲍氏家族的特点，到了鲍灿这一代，亦不例外。早年的鲍灿在河南洛阳一带经商。碰上节假日的时候，他会给父母寄去当地最好吃的食品，如果父母还没有收到，他是不舍得先吃的。鲍灿还写得一手好诗，当父母生日时候，他就作诗表达对父母的怀念。鲍灿母亲老年时，脚下生了毒疮，鲍灿日夜守候在母亲床前，想尽了各种良方，用遍了世间良药，但母亲身体却丝毫没有好转的迹象。看着母亲被毒疮折磨得疼痛难耐、死去活来，鲍灿感同身受，只恨不能替母亲受疼，于是他用自己的嘴一口口把母亲脚上的毒疮吮

鲍灿孝行坊

吸干净。没想到过了十余天，鲍母脚上的毒疮竟然奇迹般慢慢地好了。此事在村里传开之后，人们都说是他的至诚至孝感动了天地，才让他的母亲免于病痛的折磨。

鲍灿后人为他申请建造了这座旌表其孝行的牌坊。说到这座牌坊的建立，还有段小插曲呢。

鲍象贤那时正是朝廷重臣，其父鲍郭山向朝廷申请旌表父亲鲍灿的孝行，但没有得到恩准。因为儿子位高权重，鲍郭山被封为御史，但这却并没有让他高兴，相反，他一直为申请不下其父亲的旌表而闷闷不乐。于是，他在一次给儿子的信中说："天地间一罪人，何敢当封？"儿子接到信后惴惴不安，知道父亲是因为祖父请求旌表未得到落实而块垒于胸。为了完成父亲的夙愿，也为了祖父的孝行能被世代记住，他再次上书朝廷，言辞恳切，终于获得了朝廷的恩准，因为当时鲍象贤任兵部右侍郎，于是其祖父鲍灿也被追赠“兵部右侍郎”的官衔。

要说这兵部侍郎，官可不小呢。侍郎，相当于今天的副部长；侍郎上面是尚书，相当于部长。兵部侍郎就是兵部副部长，在明代是一个正三品的官职，相当于今天的国防部副部长。“兵部”是六部（吏部即人事部、户部即财政部、礼部即文化及教育部、兵部即国防部、刑部即公检法司等司法机关、工部即建设部）之一，掌全国武官选用和兵籍、军械、军令等政事。鲍灿虽然生前不思仕途，没有谋得一官半职，但是死后却当上了“国防部副部长”，也是个有意思的事情。

第四节　忠君爱国留青史

中国幅员辽阔，民族众多。如何处理和边疆地区各少数民族的关系一直是各朝各代的大事。三国时期，“南人叛乱”，诸葛亮亲自出马，七擒孟获，“攻心为上，攻城为下”的政策让孟获彻底服气，由此安定了西南大后方。大约从唐朝开始，中央开始对有些少数民族实行羁縻（jī mí）政策，“羁”就是用军事和政治的压力加以控制，“縻”就是以经济和物质利益给予抚慰，在少数民族地区设立特殊的行政单位，保持或基本保持少数民族原有的社会组织形式和管理机构，承认其酋长、首领在本民族和本地区中的政治统治地位。虽然任用少数民族地方首领为地方官吏，但是在政治上依然隶属于中央王朝，经济上也有朝贡的义务。这种政策基本上是“夷人治夷，高度自治”。

元世祖忽必烈平定云南，统一中国后，在总结历代经验的基础上新创造了一种叫“蒙夷参治”的办法，就是把管理层的“土司”分为流官和土官。流官是政府派遣，来回流动，期满之后便调离的官员。土官则是从当地酋长中选任，可以世袭的官员。这样便加强了中央对少数民族地区的管理，同时也有利于少数民族接受先进的汉文化。明朝继承并发展了元朝的土司制度，在元朝宣慰使、宣抚使、安抚使三种武官职务的基础上，增设了土知府、土知州、土知县三种文官职务。

史载，嘉靖二十五年（1546年），云南有个土司叫那鉴，他权力欲比较强，似乎是梦想要恢复大理国，当“段王爷”，于是就起兵造反了。但是他侄子——土知府那宪，却不想参与他的勾当，那鉴一怒之下把他侄子给杀了。当时的巡抚听闻后，命令镇巡官发兵围剿这个猖狂的叛贼。

云南地区山林茂密，那鉴在那儿土生土长，自然对当地气候、地形条件都比较熟悉，镇巡官围剿了好几年都没有拿下他。

强大的明朝当时有很多附属国，其中之一就是现在的越南，那时候我们管它叫安南。嘉靖年间，正是安南的“南北朝时期”——政权林立，国内四分五裂。那鉴的叛乱得到了安南一个叫武文渊的地方首领的支持，阵势越来越大了。

巡按沐朝弼与巡抚石简带领土兵、汉兵数万，兵分五路进攻。沐朝弼与石简驻扎在临安这个地方，那鉴渐渐实力不支，于是他遣部下张维去向监督王养浩投降，这时候左布政使司徐樾正好押送饷银至此，徐樾听使者张维这么一忽悠，觉得那鉴确实是无计可施了，于是约好受降的日子。左右都说那鉴这是诈降，兵不厌诈，糊涂的徐樾就是不听。到了约定受降的日子，天真的徐樾仅带百十随从前往，结果被那鉴带来的夷兵冲出来杀死，徐樾一行全部阵亡。巡按赵炳然知道后，向朝廷参了沐朝弼、石简和王养浩一本，说他们指挥失策，损失一员大将。皇帝下令让他们将功赎罪，限期将叛贼那鉴追拿。沐朝弼和石简定的计策是：集合五路哨兵沿着元江分布，在南羡渡江攻城，并从路通哨、甘庄哨各调出两千精兵来助战。结果，消息不胫而走，那鉴知道路通哨是座空城后，乘虚而入，杀了官兵一个措手不及，官兵只得烧营而逃。另一边甘庄哨同样大败，只剩下南羡的逼城官兵了。

就在官兵被那鉴打得落花流水不知何处去的时候，当地的几个土官却誓死不退，原来他们恨透了那鉴杀主而代之。这正好给受挫的军队鼓舞了士气，于是官军士气复振，击鼓攻城。那鉴大败，躲在营里不出门。官军把他们那些人团团围住，那鉴令使者出来投降。鉴于上次徐樾的教训，沐朝弼等决定不理会他。可不料，这时候，起瘴毒了。瘴毒是什么？简单地说，就是在热带原始森林里，动植物腐烂后形成的毒气，主要是这些死后的动植物未被人工处理，又常年处在湿热环境下，故而产生有毒气体。这些气体对人体有害，于是士兵只得撤退。那鉴再一次侥幸逃脱。

嘉靖皇帝虽说在西苑忙着“修道成仙”，但是南倭北虏一直是朝廷上下有志之士的心腹之患。石简等人经过这么多年的追击还没有把那鉴彻底击败，大家一致上疏请求换人。于是鲍象贤就这样被历史的洪流推到了打击叛乱的最前沿，他出任云南按察司兵备副使，讨伐那鉴，继而讨伐安南。

鲍象贤，字复之，号思庵，是替母吮疮的孝子鲍灿之孙，嘉靖八年（1529年）进士，由进士授御史。得令之后，他当即走马上任，代替石简去讨伐那鉴。鲍象贤知道这些“南蛮子”主意多得很，对付他们，智取更重要。但是，为了万无一失，他还是带来了几万精兵。古来用兵的规矩：兵马未动，粮草先行。鲍象贤深谙此道，广集粮食，调集土兵、汉兵总共七万余人，分哨夺取元江。见此架势，之前嚣张跋扈的那鉴害怕得吃药自杀了。那鉴的儿子主动投诚，把自己占有地区的大印交了出来。

残酷的战争，受害最深的其实是老百姓。家破人亡、流离失所的日子，谁也不愿意过。鲍象贤这样和平解决了那鉴的叛乱，使得百姓免受战争之灾，可算得上是立了大功。那鉴死了，土司还是要继续存在，于是鲍象贤首先让当地老百姓自己推选德高望重的人，然后经过考察，他在这些人里面挑选了一个能谋善断者来担当。

之后，鲍象贤迁至兵部右侍郎，总督两广军务。岭南少数民族造反，头目徐铨勾结倭寇，鲍象贤带领副使汪柏出击，大获全胜。后来鲍象贤又多次击退倭寇，立下赫赫战功，保卫了沿海地区人民的生命财产安全。

鲍象贤

鲍象贤一生南征北战，边境赖以安定，当地百姓感其恩德，纷纷建立祠堂颂扬他的功绩。他生性秉直，鄙视权贵，多次遭到奸臣的谗言中伤，一度罢官故里。后来又得到起用，他仍然清廉自持，不计较个人荣辱得失。他的名言“仕不择地，官不择位”，充分表现了他耿直的品德。隆庆元年（1567年）他再次被弹劾，告老还乡。从此，鲍象贤一直在老家生活，隆庆二年（1568年），鲍象贤去世。

鲍象贤的遭遇，同朝事君的许国等人无不惋惜，他们纷纷为其请命。隆庆皇帝追封他为工部尚书，用于追赠他的诰命上写着“官联台斗，崇衔既晋于朝堂，命涣丝纶，新宠永光于泉壤”。意思是说，你的官位与三台、北斗星并联，崇高的头衔已进入朝廷的庙堂；你一生的功勋倾注在诏书丝纶上，皇帝新的恩宠让你在九泉之下享受永久的荣光。（三台是古代官制，唐代时，尚书省又称中台，中书省又称西台，门下省又称东台。）这些都是夸赞鲍象贤的功绩。得到这样的赞誉，相信鲍象贤泉下有知，也

尚书坊

欣慰了。

鲍象贤死后，直到万历十一年（1583年），才由其孙子鲍献旌按国葬礼仪修墓安葬。又过了三十九年，天启二年（1622年），才修建这座尚书坊。尚书坊宽9.85米，高约11.4米，牌坊四柱用白麻石建成，其余都为灰凝石。牌坊上写有“赠工部尚书鲍象贤”八个大字，整个牌坊朴实大方，略有雕饰。字牌东面刻“官联台斗”，西面刻“命涣丝纶”，这是皇族对于鲍家极大的肯定和极高的荣誉。

许国为遭遇不平的鲍象贤请命，可见许国也是一个忠君爱国的良臣。许国，字维桢，歙县人。嘉靖四十四年（1565年）进士，为官和鲍象贤一样清正廉洁，刚直不阿。在今天的歙县城中，还赫然矗立着一块举世无双的八角牌楼，上面题字“先学后臣”“上台元老”，就是表彰当年这位“少保兼太子太保礼部尚书武英殿大学士”许国的。

要说到这座天下独一无二的八角牌坊，可是有一个有趣的典故呢！许国自小生活在一个贫寒之家，几代人好不容易中了一个进士，甚至还当上了这么高的官，许国内心也是备感荣耀，于是他向皇上表达了想回家建造一座牌坊祭祖的想法。许国是嘉靖、隆庆、万历三朝元老，更何况还曾经担任万历的老师。万历皇帝对于他这点小小的请求自然是慷慨应允。

许国在为官的过程中，曾两次主持乡试，三次主持会试，门生无数。一听说老师有建坊祭祖之意，众门生毫不犹豫都挺身而出为老师效劳。据说当时的臣民最高规格只能建造四角牌楼，否则就有犯上的嫌疑。可是当时徽州四角牌坊林立，门生觉得如果也建造一座四角牌坊，再精美也不足以显示老师的恩荣。于是大家为了纪念老师的教育之恩，也为了显耀老师的官重威显，决定为他建造一座八角牌坊。

牌坊很快就建好了。四面八柱，呈“口”字形，南北长11.54米，东西宽6.77米，高11.4米，面积78.13平方米。牌坊通过精心设计，造型非常精美，每一方石柱、每一道梁坊、每一块匾额都有寓意深刻的雕饰。南面雕的是“巨龙腾飞”，象征皇帝南面而王，表示许国对朝廷的忠诚；内侧雕“英（鹰）姿（雉）焕（獾）发”，颂扬皇上年轻有为。东面雕“鱼跃龙门”表示许国是科班出身；内侧雕“三报（豹）喜（喜鹊）”，喻许国在万历年间从东阁到文渊阁再到武英殿的三次升迁。西面雕“威凤祥麟”，“凤”和“麟”乃文风鼎盛、德政昌隆的太平盛世才会有的，这幅图称颂了当时的社会；内侧雕“龙庭舞鹰”，“舞鹰”谐音“武英”，暗示许国身居武英殿大学士的地位。北面为“瑞鹤翔云”，寓意天下太平，又象征许国的品格高尚脱俗；内侧为“鹿鸣图”，借《诗经·鹿鸣》表示许国身为礼部尚书，常会嘉宾学子，鼓瑟吹笙，生活儒雅。这些富有“个性化”的雕饰设计，巧妙地表现出牌坊主人许国的思想境界和社会成就。

牌坊是建好了，可是皇上那一关可怎么过呢？木已成舟，也不能让学生们把牌坊给拆了呀！再说造得这么用心、这么精美，许国自己也是欣喜万分。思来想去，许国果然想出了一个高招，决定再在家乡多待上几个月。许国回朝后，由于超过假期几个月了，他便跪在殿上久默无声。皇上不解，责备说：“朕准卿四月之假回乡造坊，为何延为八月？建坊这么久，不要说是四角，就是八角也早就造好了。”许国听了，立马谢恩：“谢皇上恩准，臣建的正是八角牌楼。”万历皇帝听了哭笑不得，但是君无戏言，也只得暗自叫苦。就这样，许国的这座八角牌楼终于“合法化”，他悬着的心也终于落了下来。这个典故几百年来口耳相传，或许有些戏说的成分，但是举国上下却再也找不到第二座八角的牌坊确是事实。

不管是鲍象贤朴素大方的牌坊也好，许国精美繁华的牌楼也罢，都是他们一生忠君爱国，为民效力，死而后已的象征。也只有如他们般忠诚、清廉才能被百姓认可，被皇室赐建牌坊乃至独一无二的牌楼。

第五节　继母更比生母亲

吴氏节孝坊是一座四柱三间三楼式的冲天牌坊，宽9.38米，高约11.9米，建于乾隆三十二年（1767年），旌表的是鲍文渊继妻吴氏的事迹。

申请修筑牌坊本就是一件极难的事情，而为继母修建牌坊更是罕见。鲍氏宗族却依旧不遗余力要修建这座牌坊，可见这位吴氏定是为鲍家作出了突出的贡献，在鲍家的地位是非比寻常的。

《歙县志》载："吴氏二十九岁丧夫，抚前妻子成人，守节逾六旬。"

吴氏，江苏省嘉定县南翔镇人，二十二岁嫁给在此经商的棠樾人鲍文渊做续弦。吴氏虽大字不识几个，但是拥有古代女子最淳朴的美德，心地善良。她过门时，正遇小姑子生病，她昼夜护理直到小姑子病愈。进入鲍家后，她关爱家人，团结邻里，深得乡亲的称赞。可好景不长，七年后，丈夫因病去世。留给她的，除几间空荡荡的木房子之外，还有鲍文渊前室的儿子鲍元标和年迈的老母亲。命运有时候就是这样的残忍，这年她才刚刚二十九岁！正值青春好年华，可是，她甚至还没来得及生下自己的一男半女，就成了寡妇。她真想跟着丈夫一起去了算了，可是看着面前那个唤她“母亲”的幼子和待她如亲生闺女般的婆婆，她终究还是把泪水往肚里咽，挑起了这个家庭的重担。

从此，吴氏深居简出，脱去了华衣锦服，洗净了脂粉，以纺织来维持家庭的运转，守节六十年有余。幸运的是，在吴氏的悉心照料下，鲍元标终不负母恩，成为清代著名的书法家；病重之后的婆婆，带着祥和的笑容安然离去，亦得善终。年老之后，吴氏用一辈子省吃俭用省下来的钱，为夫家修了九世以下的祖墓。她在九十多岁时离开尘世。吴氏就这样用生命固守着那

吴氏节孝坊

个时代的社会道德，用一生的力量将那个时代的“恶”摒弃在身外。

吴氏一生的经历在乡间邻里产生了很大的影响，于是当地官府出面，为吴氏的贞节、孝行申请旌表。朝廷打破继妻不准立坊的常规，破例恩准为她建造了这座牌坊。牌坊上有“节劲三冬”“脉存一线”八个大字。“节劲三冬”颂扬的是吴氏贞操节烈，经得起漫长岁月的考验；“脉存一线”赞赏的是她将丈夫前妻遗孤视作亲子一样抚育成才。

虽然鲍氏家族对吴氏的事迹感动至深，但是在社会礼教的约束下，这座牌坊上还是留下了伏笔——在刻字“节劲三冬”的“节”字上，竹字头与下面的“卩”部分是错位的，并不是一个非常工整的“节”字，这似乎表示继室与原配在地位上是永远不能平等的。

现存的徽州古牌坊中，贞节牌坊有四十余座，民国版的《歙县志》中，《人物志》共有九卷，而《烈女传》竟达到了四卷，徽州的节妇烈女们能被立牌坊的不过万分之一。据记载，鲍氏家族共出节妇五十九人，立牌坊的不过两人，鲍文渊继妻吴氏是一位，旌表她的这座牌坊建立九年后的乾隆四十一年（1776年），另一位节妇也被旌表，她的一生和吴氏一样，满是辛酸苦楚，却又无可奈何（见本章第七节）。

第六节　千里寻父感动天

徽州有句俗语："徽人十三在邑，十七在天下。"什么意思呢？就是说生在徽州的男子，十三岁的时候还在家，但是十七岁就已经出去闯天下了。这是因为徽州这个地方地少人稠，大部分的徽州人都是靠在外做生意营生。明朝末年，天下大乱，鲍逢昌的父亲外出谋生多年，久无音讯。

古时出门在外，不像现在一样，电话、微信各种通信工具让人与人之间的沟通变得非常方便，那时候能和家人保持联络的只有家书。但是连年不断的战火，家人已经很久没有收到过鲍逢昌父亲的信了。杜甫说得好："烽火连三月，家书抵万金。"没有什么比知道家人平安更重要的了。

顺治三年（1646年），十四岁的鲍逢昌决定去寻找父亲。说实话，由于多年未见，父亲长什么样子他只能凭借儿时的记忆了。去哪里找？父亲在前几年的书信中提过他在山西一带做生意，鲍逢昌打算去找找那里的同乡会，或许他们会知道父亲的下落。

这几年发生太多的事情，在鲍逢昌心里放电影似的一幕幕掠过。

闯王李自成以迅雷不及掩耳之势，起西安，经太原，仅两个半月就杀入帝都，让皇廷内外措手不及。崇祯皇帝自缢于煤山，明朝从此成为历史。本以为天下又将姓李呢，虽然关外尚有清兵虎视眈眈，但是辽东总兵吴三桂已经归顺李自成，相信加上他的力量，抵住清兵是没有问题的。其实吴三桂还处在观望状态。他接到父亲吴襄的信，信中说李自成的大顺朝廷在北京秋毫无犯，对他们一家也都好。他想，改朝换代，世事无常，良鸟择佳木而栖，贤臣择明君而侍，只要李自成是个好君王，他吴三桂为了天下百姓易主是可以接受的。但是就在领兵去北京的路上，吴三桂惊闻事情并不如父亲信中所言，李自成的部下刘宗敏对父亲吴襄严刑拷打，更让吴三桂怒不可遏的是，刘宗敏还霸占了他的爱妾陈圆圆。得到这消息，吴三桂脸都绿了，下令立马停止进京。所谓冲冠一怒为红颜，盛怒之下，吴三桂叛李降清，后来更是联合清军一起，在山海关大败李自成。从此，清兵入关，天下改姓“爱新觉罗”。

鲍逢昌边走边琢磨着，身上的衣衫已经破烂不堪，脚上的布鞋已是到处脱线。但是鲍逢昌的内心非常坚定，蓬头垢面他不在乎，饥肠辘辘也无关紧要，此行的唯一目的就是找到亲爱的父亲，找不到父亲他是不会回去的。一问路人，才知道终于到了山西，然后他就跟人打听徽州人一般都在哪里做生意。看着鲍逢昌风尘仆仆、口干舌燥的样子，山西老乡主动和鲍逢昌攀谈起来。得知他的遭遇后，淳朴的山西汉子热情地招待鲍逢昌吃饭。鲍逢昌知道，这些年的战争，老百姓日子都不好过，所以他只喝了两碗水，拿了一个馒头，连连道谢后，又踏上了征程。

经过千难万险，一路乞讨，费时三年，他终于在山西省雁门古寺中找到了父亲。但不幸的是，此时父亲正生背疽，痛不欲生。鲍逢昌二话不说，毫不犹豫地伏在父亲背上，用嘴将疮口中的脓吸出，自己则口腔肿大，呕吐不止。鲍逢昌的悉心照料，终于将父亲从阎王手里抢救回来。当他满怀欣喜，费尽千辛万苦把父亲带回徽州老家时，母亲却正在生病。一位大夫说，病并不难治，只是其中有味叫“真乳香”的药，世间少有，不易获得。鲍逢昌得知这种药在浙江桐庐县境内的富春山上有，便立刻赶到富春山。

浙江桐庐县境内富春山的奇特是出了名的。魏晋南北朝时期的吴均曾在《与朱元思书》中这样形容：“夹岸高山，皆生寒树，负势竞上，互相轩邈，争高直指，千百成峰。”如此奇山，当地人都不敢轻易上去，更别说鲍逢昌一个外地人，更何况他还要在崇山峻岭中寻药。鲍逢昌看到这大山，心里也着实发怵（chù）：若贸然进山去，只怕药没寻到，自己反倒先迷路了。突然他眼前一亮，想到前朝名医李时珍远涉深山旷野，尝遍世间百草，搜求民间药方的事迹。那么富春山当地一定也有大夫去山里采过药，如果能得到他的指点，岂不事半功倍。

果不其然，通过各方打听后，有一位年迈的药农知道“真乳香”这味药。而且他还说，在山中迷路倒是其次的，最可怕的是山里那上百种毒草。在如此大山里不小心中了毒，那真是叫天天不应、叫地地不灵，后果不敢想。多亏鲍逢昌机智啊！在这位药农的带领下，鲍逢昌披荆斩棘，攀登悬崖，终于采回这种药。母亲用药后，战胜顽疾恢复健康。

鲍逢昌治愈二老绝症的事迹很快传播开来，大家纷纷传说，是鲍逢昌的孝心感动了天神，老天爷助鲍逢昌实现了心愿，治好了二老的病。这话虽然颇有点迷信色彩，但也说明了鲍逢昌的孝行是多么令人敬佩，多么富有感召力。连天神都能触动，皇帝还能无动于衷吗？终于在乾隆三十六年（1771年）下旨为其赐建了一座孝子坊。

这座四柱三间冲天式的青石质牌坊，正面刻“天鉴精诚”，背面镌“人钦真孝”，这八个大字均为乾隆皇帝所赐。细心的读者会发现，故事发生在顺治三年（1646年），而下旨旌表的则是乾隆皇帝，事实上立坊却到了嘉庆二年（1797年）——先后竟历经四代151年。这就是建立一座牌坊的不易，首先要有足够的申请旌表的事迹，其次得层层申请直到皇帝准奏，最后得有银子建造，哪一条不满足牌坊都建不成。这样就不难理解，古时候能够建造一座牌坊是一件多么荣宗耀祖、光耀门楣的事情了。

鲍逢昌孝子坊

第七节　守节廿载把儿养

在父母之命、媒妁之言的年代里，很多女子出嫁前连丈夫长什么样子都不曾知道。嫁过去后，不管两人的性格是否合得来，那都是一辈子的事情。可是，汪招很幸运。

汪招即是越国公汪华之后。汪招和丈夫鲍文龄同年同月生。嫁去鲍家后，两人相敬如宾，举案齐眉，邻居都说他们是天生的一对。或许，他们的幸福让上天都生妒忌，这样的生活没能持续几年，丈夫便意外去世，从此撇下了形单影只的她和不谙世事的婴儿。幸好，汪招还有个儿子，儿子就是她的寄托，否则她真不知道该如何继续把日子过下去。在以后的岁月里，汪招一边以泪洗面，嗟叹自己命运的不幸，一边含辛茹苦，把儿子培养成才。后来儿子鲍集成学有所成，成为著名的疡科医生，著有《疮疡经验》四卷。

在岁月的摧残下，汪招四十五岁就告别人世，守节整整二十载。族人

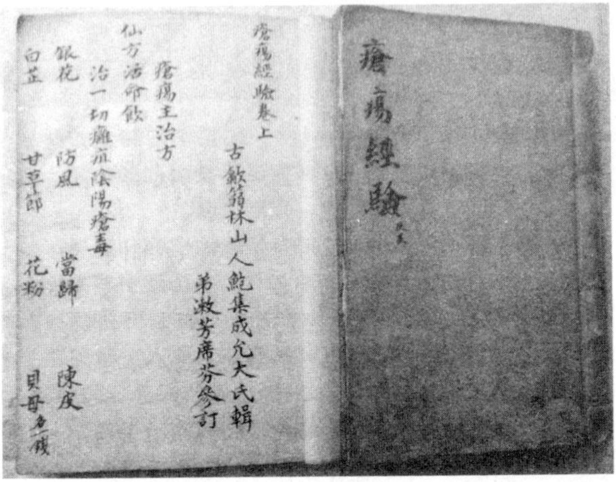

瘡瘍經驗

瘡瘍經驗卷上

古歙篛林山人鮑集成允大氏輯

弟漱芳席芬參訂

瘡瘍主治方

仙方活命飲 治一切癰疽陰陽瘡毒

銀花 防風 當歸 陳皮

白芷 甘草節 花粉 貝母各一錢

鲍集成《疮疡经验》书影

汪氏节孝坊

便将其立节完孤、矢节全孝的事迹上报旌表，终于在她死后三十五年，乾隆四十一年（1776年）时，竖立起来了这座四柱三间冲天式的青石牌坊。

有人说："每一座贞节牌坊下，不是埋葬了一条活泼泼的生命，就是埋葬了一个女人数十年的青春。"这话一语中的。

还是在徽州，还是在歙县，离棠樾不远的许村，这里有一座徽州最小的牌坊——双节牌坊。这座牌坊建于清嘉庆二十五年（1820年），双柱一楼式，宽1.8米，高3.8米，简单朴素，比一扇门大不了多少。牌坊虽小，但形制齐全，平板中部立着一个"圣旨"牌，牌上有一葫芦小顶，字板刻有"旌表故民许俊业继妻金氏妾贺氏双节孝坊"。

这个故事现在还在许村流传，饱含心酸血泪。许俊业同大多数徽州男子一样，早年就出外经商，但他的生意做得却并不尽如人意。家里，有他的继妻金氏和妾贺氏，日日盼夫归来，望穿秋水，却没想到最后等到的是丈夫客死他乡的消息。许俊业死后，妻、妾二人靠着纳鞋底、刺绣过活，悲苦凄清，双双守节而终。族人在清理她们的遗物时，在一个不起眼的小角落里发现了一些碎银子，想必是二人一辈子所积，以备不时之需的。这让众人深受感动，把二人的事迹上报朝廷，申请旌表。这碎银并不多，于是建成的牌坊便是这座徽州最小的牌坊。

清末光绪三十一年（1905年），徽州建筑了最后一座牌坊，也是一座贞节牌坊。这座牌坊最特别之处在于它不是旌表某一个人，也不是旌表某一个家族，而是旌表整个徽州地区的节妇烈女们——"徽州府属孝贞节烈六万五千零七十八名口"。这座牌坊是由当地最高长官主持，动用官府资金修建的，但是它可能是徽州最寒碜的牌坊了，石头都用不起，只用砖头堆砌而成，没有宏大的架构，没有精致的雕刻，就连仅有的牌名也依稀难辨。当时，清王朝已经处在风雨飘摇当中，现代文明已经在国人心里扎根、发芽，延续几百年的古老徽商也逐步走向末路，立这个牌坊可以算是一个时代的终结。

第八节 牌坊群终于完整了

举世闻名的棠樾牌坊群，一共七座。只要细心，就能发现，这七座牌坊不是随意排列的，不管是从村口往村里数，还是从村里往村口数，都是忠、孝、节、义、节、孝、忠。也就是说，这七座牌坊的排列是以“义”为中心向两边排列，足可见鲍氏家族的用心良苦。

上面六座牌坊分别介绍了忠、孝、节的故事，这座为数不多的旌表“义”行的牌坊又有着怎样不为人知的故事，让棠樾牌坊群成为一个缺一不可的整体，在徽州众多的牌坊中脱颖而出，成为不可多得的国家级保护文物？

这座牌坊建于嘉庆二十五年（1820年），是七座牌坊群中最晚建立的。当时鲍氏家族第二十五世孙鲍漱芳子承父业，担任盐务总商，富可敌国。每当他回到家乡，看着村头旌表家族的六座牌坊，“忠”“孝”“节”都有了，可唯独缺一座“义”字坊。按程朱理学来说，忠孝节义齐全才算完整。这成了鲍漱芳的一块心病，父亲重振家业的辛苦、为人处世的和善又浮现在他眼前。

一、一文钱出门

徽州的很多家族都是儒、商结合，鲍氏家族也不例外。儒有第十六世孙鲍象贤高中进士，官至兵部尚书；商则有鲍漱芳的父亲、鲍氏家族第二十四世孙鲍志道成为盐商巨贾，后来还当上了两淮盐业总商。

虽然鲍氏家族在歙县甚至在徽州均算得上是名门望族，在明朝中后期鲍氏家族曾经煊赫一时，但是风水轮流转，到了鲍志道这一代，家道早已没落了。鲍志道的父亲鲍宜瑗继承家族经商的传统，做些小买卖，可生意不济，家境一直不好。特别是当鲍志道的弟弟出生后，家中更是捉襟见肘，经常吃了上顿没下顿。鲍志道自小在私塾读书，按父亲鲍宜瑗的意思，是想让他长大后参加科举进而入仕，光耀门楣。但是因为家境贫寒，十一岁的鲍志道不得不辍学从商，以帮家里减轻负担。

鲍志道离开家乡的那天，晴空万里，远处青葱翠绿的山，近处碧波荡漾的水，让天空显得分外晴朗。十一岁的鲍志道和家人一一道别，家中没有什么东西可带的，无非就是千叮咛万嘱咐。突然鲍志道母亲想起了什么，便进屋去了，不大一会儿拿出一顶小虎头帽，鲍志道认出这顶帽子是自己尚在襁褓中的时候戴的。他正纳闷母亲为何拿这东西时，鲍母却将帽子上系着的那枚“康熙通宝”铜钱取下，郑重地交到鲍志道手里：“儿啊，这是咱们家仅剩的一文钱了，你出去后，好好闯荡，咱们家的希望就靠你了！”说着眼里泛出了泪光。鲍志道双手紧握着家中仅有的财产，

“扑通”一声跪倒在地，连声承诺：“爹，娘，你们放心，孩儿定会努力，不让你们失望。”就这样，鲍志道带着珍贵的一文钱出去闯江湖了。为了激励自己，他还给自己取了号，就叫“剩一”——只剩下一文钱了。附近渔梁是个码头，那里有船只，他准备去碰碰运气。

徽州是个很美的地方，青山环绕，细水绵长，要搁现在，准可以评得上5A级风景区。不过鲍志道无心留恋这里，心里想着一会儿怎么搭船、要到哪里去、该做点什么，这一系列的问题在他脑瓜里飞速旋转。脑子一想事，脚下就没那么注意，冷不防跌了一跤。他拍拍手爬了起来，忽然瞅见地上有一个亮闪闪的东西，捡起一看，原来是个烟筒杯。看了看：铜的，不值钱，扔掉算了！正要扔时，忽然又想到母亲经常挂在嘴边的一句话：“没有废物，只有废人！”他顺手便把它塞在衣服口袋里，继续赶路。

渔梁码头，船只很多，桅杆林立，贩运山货的商客熙熙攘攘。鲍志道心慌意乱，口袋里没钱，他没有底气，不知能不能上得了船。有没有哪个好心人肯帮他呢？鲍志道自己也不知道在想些什么，呆呆地看着这么多来来去去的船，手足无措地站立着，不知该怎么办好。想着想着，不觉岸边靠拢过来一只大篷船，只见船老大撩起了袖子，正打算擦甲板。鲍志道一个机灵，马上迎上前去，也撸起袖子帮船家打扫，一边擦一边彬彬有礼地向船家打听水路，听到船要开向兰溪，他高兴极了，便向船公诉说自己的来历和打算，老船公被面前这个乳臭未干的毛头小子感动了，答应让鲍志道一路搭他的便船。

鲍志道上了船，心里的高兴劲儿就别提了，不停地帮船家做事，一会儿擦地板，一会儿为商客端茶送水，喜得老船公心里乐滋滋的，好久不见这么勤快的小伙子，都想把他留下来给他打下手了。饭后，船老大和他的伙计们忙了起来，有的撑篙，有的掌舵，有的挂风帆……鲍志道也不闲着，看谁累了就替谁一会儿。顺流而下，船走得非常顺当，眨眼间，就越过了急流险滩。

新安江水平似镜，陈淼在《桂林山水》中说：“这样的山围绕着这样的水，这样的水倒映着这样的山，再加上空中云雾迷蒙，山间绿树红花，江上竹筏小舟，让你感到像是走进了连绵不断的画卷，真是‘舟行碧波上，人在画中游’。”这时的景象正可以用这段话来形容。

坐在船舱里的乘客，现在也忍不住要出来看看这美景了。有一位老员外拿着长烟筒走出舱来，坐在船板上，看着眼前的景色，愉悦地吸起了烟，他一面吸烟，一面在舷边上磕烟蒂，磕着磕着，忽然听见“扑通”一声，烟筒杯掉到新安江里去了！“哎呀！哎呀！”老员外“腾”地站起身来，看着烟筒杯就这么悠悠地沉了下去，这下可把他给急坏了。他不是心疼烟筒杯，区区一个烟筒杯对他来说实在是不算什么，可这慢悠悠的行船让他着急呀，在这船上，日长夜长，还得好几日才能到达兰溪，对他这个有几十年烟龄的烟民来说，这一路上没有烟抽可怎么行呢！他正急得直皱眉头时，鲍志道眼珠一转，突然笑了，他拍干净手，从衣兜里摸出那个捡来的烟筒杯，又在袖子上擦干净，恭恭敬敬双手递了上去。老员外一看，喜出望外，马上接过来使劲往烟杆上一套，还真巧，大小正合适，同原来的一个样！他高兴得连说：“刚好，刚好！”老员外拍着鲍志道的肩头，问这问那，当知道鲍志道是尚书公的后代，越发地觉得这孩子可爱。了解到他家庭现在的窘状后，他拉着鲍志道的手，招呼同行出来相见，并向大家说："徽州人在家靠父母，出门靠朋友，乡会为我们排忧解难，我们同人彼此间仗义气，更是助人为乐，外路人要给饭吃，家乡人要顾颜面，不教人家可怜相！"听了老员外这番话，众人纷纷说："剩一小弟你尽可放心，当学徒这事包在我们身上，一准送你到金华。"

到了金华，有了老员外的帮助，鲍志道顺顺利利当上了徽州老店的学徒。出门千百里，他真的一文钱没有花，他身上唯一携带的那枚"康熙通宝"还在他贴身口袋里搁着呢！

二、奋斗成总商

鲍志道非常珍惜这来之不易的好机会，他白天积极地在店里帮忙做工，晚上便在昏暗的烛光下学习记账等经商技能。经过几年的勤学苦练，终于把会计学会了，而且省吃俭用的他还积累了一点小钱。在同乡的支持和带领下，他离开金华来到江西鄱阳。在鄱阳，鲍志道开始利用自己积攒下来的钱做一些小生意。为了寻找更好的市场，也为了熟悉各地的资源，他从鄱阳又到扬州，从扬州又转徙湖北，不断奔波，总算是慢慢摸出了做生意的门道，但是他还没有找到自己的立足之地。

但是，他的机会就在转角处，马上就要来了。

乾隆三十三年（1768年），威震朝野的"两淮盐引案" 爆发。

所谓盐引，就是盐商们合法贩盐的凭证。从明朝时期开始，如果想要合法贩盐，商人必须先向政府取得盐引，凭盐引才能到盐场支盐，再到指定销盐区卖盐。明朝刚建立时，朱元璋实行"开中制"，即鼓励盐商们输运粮食到边塞地区进而可以换取盐引。到了明朝后期，随着统治阶级的日益腐败，皇室、宦官、贵族、官僚们见持有盐引有利可图，纷纷奏讨盐引，转卖于盐商，从中牟利。

到了清朝乾隆年间，依旧不乏有用此法聚敛钱财的官员。特别是乾隆六下江南，那场面可真是“锣鼓喧天，鞭炮齐鸣，红旗招展，人山人海”啊！地方官员需要筹措接待他的费用，这自然少不了欺上瞒下，克扣税款。

这一年，尤拔世被任命为新的两淮巡盐御史。都说新官上任三把火，尤拔世一上任便开始查“偷税漏税”。不查不要紧，一查可吓坏了他。因为发现在他上任之前的二十年里，“盐政”的官吏们私自超发盐引，从中克扣、提留引银竟达一千多万两。事关重大，他立即奏明朝廷。乾隆闻讯，龙颜大怒，许多官吏和徽州大盐商都被抓捕至北京问罪，有的杀头，有的抄家，我们所熟知的大学士纪晓岚还因此被发配边疆。其中前任御史卢见曾案值最大，被判绞刑。卢见曾当时已经是七十九岁高龄的老人了，早已经在六年前荣归故里，每天的生活就是喝喝茶、遛

鲍志道

遛鸟，现在路都快要走不动了，硬是被从德州抓到扬州。风烛残年的老太爷，哪里还经得起如此折腾，还没等到秋后处决，便先在大牢里命归西天了。这就是著名的“两淮盐引案”。

纪晓岚是个文人，他之所以被牵扯进来，是因为他和卢见曾有着非同寻常的关系。尤拔世发现盐引问题后，便上报朝廷，身为京官的纪晓岚很快就知道这事儿了。他心想：这么大案子，卢见曾又曾经当盐政，肯定少不了有牵连，不行，我得提前告知他一下。纪晓岚为何会如此热心地帮助卢见曾呢？原来纪晓岚的长女嫁给了卢见曾的孙子。这样的话，两人可是亲家呢。怎么给卢通风报信呢？思来想去，他给卢写了一封信，信里面只有一包盐、一袋茶。卢见曾收到信后，莫名其妙，心想：我一堂堂巡盐御史，会没有盐、没有茶？百思不得其解的他，在房间里边走边念：“盐茶、茶盐、盐茶……哎呀，查盐！”

领悟出这个消息之后，卢见曾马上把自己的财产进行了转移。果不其然，几天后，就有官员来搜查他家。可是家里空空荡荡，一无所有，一点儿不像大盐官的家。乾隆当然不相信：“你卢见曾就算不大贪污，也不至于穷成这样？”于是，令刑部尚书刘统勋彻查此事，纪晓岚最终败露。当然，纪大学士在新疆服刑期间也没闲着，写下大量具有文学价值的诗篇，《阅微草堂笔记》里面的很多素材，也是在边疆地区采集的。两年后他又被召唤回来，开始组织修纂伟大的《四库全书》，名留青史，此是后话。

我们再接着回来说鲍志道经商的事儿。此时的鲍志道再次带着简单的行囊来到了扬州，扬州依旧繁华。他心想，这里的机会总归是多一些的。

“两淮盐引案”让两淮盐商追缴了几百万两银子，致使盐商大伤元气，很多小商户就此破了产。在扬州业盐的歙县人吴尊德为了摆脱“经济危机”，急于招聘一个好“经理”来帮他渡过难关。鲍志道从此时来运转，飞黄腾达，最后当上了盐务总商。

在通过考查会计知识的笔试之后，鲍志道和所有通过的人一起都被端上了一碗馄饨，吴尊德表示是要犒劳大家。这可把应聘者高兴坏了，但是鲍志道心里觉得事有蹊跷，所以他并没有跟其他人一样快活，而是细细品味着这顿非同寻常的饭。第二天，吴尊德给大家的面试题目是：昨天碗里一共有多少只馄饨？一共有多少种馅儿？每种馅儿各有多少只馄饨？听到这题目，大家面面相觑，都傻眼了！鲍志道嘴角掠过一丝微笑，心想：果然不出我所料。昨天就觉得这碗馄饨一定不简单的他把每一个细节都注意到了，没准儿连馄饨包了几个褶子都记下来了，结果他当然被录用了。事后，吴尊德告诉他，细节决定成败，成功的经商者需要有“眼观六路，耳听八方”的敏锐观察能力。鲍志道铭记于心。

被聘为“经理”后，鲍志道的交际面更广了。由于经常和一些行家打交道，加上他勤于学习、乐于吃苦，能力迅速提高。鲍志道还大胆对吴氏旗下的盐业进行整顿，有勇有谋的他把吴氏的产业管理得有声有色，同时也完成了自己最初的资本积累。这时吴氏主动鼓励他去创业，几年的相处，吴氏清楚地认识到鲍志道是条大龙，他这个小河里终究是留不住他的。

盐业是扬州的龙头行业，扬州所处的盐场正是全国最大的盐场；再加上经过这么些年的打拼，鲍志道对于盐业已经非常熟悉，并建立了自己的人际关系网，所以他毅然选择了盐业经营。为了表明他经商的诚信，鲍志道还把自己的号从“剩一”改为“诚一”，表明做生意最重要的是诚信。

很快，凭着他的精明强干、处事公允，鲍志道在业界的声誉日益高涨，他的生意更是蒸蒸日上，最终出任两淮盐务总商。

三、诚一嫂三拒金银担

鲍志道从吴尊德的店里出来的时候，已经是个十八九岁的大小伙子了。其实他选择这个时候出来，自己去经商，还有另外一个原因：父亲前段日子的来信中透露，已经给他安排了一桩婚事，对方是父亲以前的老友汪志达之女，听说甚是贤良淑德，希望他早些回去完成终身大事。

这时候的鲍志道跟刚从家里出来的时候已经大不一样。刚出门那会儿，他还是个孩子，现在，他已经成长为一个“大人”，他要完成他的人生大事，来扛起家里的大梁。在吴尊德店里的这几年，他攒下了一些积蓄，娶妻后，他打算正式开始自己的经营之路。

这样想着，他便当即给家里写了一封家书。随后，他去城里扯了几匹布，回去可以给父母做几套新衣裳，心细的他单独给未过门的妻子扯了几匹颜色亮丽的布，买了些零碎的东西，便启程往家赶。果然，回到家里，万事俱备，只欠“新人”了。

很快，鲍家就为他们择定了黄道吉日，举办婚礼。亲家汪志达来到鲍家，不禁吃了一惊，想不到远近闻名的书香官宦门第宣忠堂，已经变得破落不堪，虽然充满着喜庆的气氛，但还是盖不住破败的家境：家徒四壁，庭院荒凉；老友宜瑗正卧病在床，衣单人瘦。想到曾经的往事，不由得平添几分伤感。但是多年的交情，又让他坚定自己的信念，老友虽然清瘦，但是声音洪亮，底气十足，最难能可贵的是子侄，个个举止温存，处事恭谨。姑爷鲍诚一一表人才，器宇轩昂，说话、做事利索、周到，这让他信心十足，坚信其家以后必会昌盛。他叮嘱女儿："鲍家现在落魄了，你可能要受几年苦，但是，诚一是个人才，以后定会出人头地。你初为人妇，要孝敬公婆，恪守妇道，照顾小叔，要在背后支持诚一，不要让他有后顾之忧……"汪氏唯有不停地点头。送走父亲后，汪氏收起自己在娘家"大小姐"的样子，与丈夫同甘共苦，家里的活儿都抢着干，对公婆更是早请安、晚问候。一双大家闺秀的手，很快就先是起泡，继而长满了厚厚的茧子。鲍志道看在眼里，疼在心里，但是也没有办法，不断感慨自己娶了个好媳妇，只有以后努力奋斗，争取让家道变好才对得起她。所以新婚月余，他就打算出去了，这一次出门，父母对他已是信心满满，但是新婚的妻子却满是不舍和担心，连夜赶制了好几套衣物，千叮咛万嘱咐后才同他依依惜别。

鲍志道离家后，汪氏要照顾卧病的公公，小叔子鲍启运还小，年轻的汪氏又当女儿，又当妈，还要忙大大小小的家务。但是她没有一点儿小姐脾气，从不叫苦，从不抱怨，只管埋头苦干，咬牙撑起贫困的家。族里的人只要提到她，都会竖起大拇指，尊敬地叫一声"诚一嫂"。

有一年冬天，霜冻比往年似乎来得更急。棠樾村家家户户都忙着砍柴，以应年关急用。诚一嫂起得很早，忙完了家里的事情，给公婆请安后，抓起扁担、柴刀就出门去了，她要去多砍点柴回来！路上她边走边想着：时间真是过得快呀，自从丈夫去扬州做生意，到今年年底已经是第五个年头了。每到年关，她的心情就不由自主地紧张起来，她想念她的丈夫，希望丈夫今年的生意很好，挣到钱回来改善穷困的家境，当然更希望看到丈夫平平安安地回来。

在思念丈夫的心绪中，不知不觉她就走到了螺丝山顶上，这里撂着她前些日子砍下来的柴火。这几天冬日的暖阳已经把柴火晒得半干，挑回去放在柴房里，不多日就可以烧了。诚一嫂手快脚快，没一会儿工夫，两捆整整齐齐的柴草就收拾好了，她熟练地插上扁担，掂了掂，然后放到肩上，大步子往回走。“明天就可以把这些柴全挑完了，启运过几天也该回来了，烧些好吃的给他补补。”小叔子鲍启运在外求学，诚一嫂非常挂念他，这么想着，步子变得飞快。走过七星墩，她把柴火放下，要在这里歇歇脚，喘口气。屁股刚坐到石头上，对面就迎上来两个挑篓子的男人：一个看着二十出头，一个三四十岁的样子，上身着棉袄短褂子，大步流星，肩上的担子看起来沉甸甸的，好像不是本地人。两个人看到诚一嫂，立马上前来打招呼：“大嫂，请问棠樾鲍诚一家在哪里？”诚一嫂一听鲍诚一家，抬头仔细打量起这两个外地人，心里琢磨着：这是要去我家？我不认识他们呀，去我家找谁？正迟疑着，另外一个脚夫又问了一句。诚一嫂忽然想起：说不定是找村东头的清益家吧，没准儿是我听错了，听说她丈夫前几天来了信，说是快要回来了呢！于是她把清益家在哪里，门楼是个什么样子，该怎么走，一五一十都详详细细地告诉了他们。两个脚夫“哦，哦……”直点头，不停地重复着：“哦，顺着前面石板路一路向北，穿过三座牌坊、一个亭子，前面的祠堂边往左拐走一里地……”连声道谢后，两个人一前一后挑起担子又兴冲冲地上路了。诚一嫂目送他们走远，这才回过神来，自己还有事儿要做呢，赶紧挑起担子便往回走。

一路上，她也不歇息，到了家，放下两捆柴，回屋喝了碗水，马上就进后院厨房，打水、淘米、生火、做饭，一系列动作，不带一点儿思索麻溜地完成。刚做完这些事情，准备去前院拿些菜过来，忽然听见堂中有人说话：“咦！这不就是‘宣忠堂’吗？怎的没有人？”诚一嫂甚是好奇：奇怪了，今天怎么这么多外地人。她向堂中走去，还没进屋，就看见两个高个子男人，走近了一瞧，乐了：这不是路上遇着的两位路人吗？ 显然那两个脚夫也看见了她，不等她说话，他们倒先开口了：“哎呀，哎呀，这不是大嫂子吗？您告诉我们的路不对呀，我们要找的是‘宣忠堂’中的诚一嫂，不是‘诚孝堂’中的清益嫂呀！”另外一个也赶紧说：“鲍老爷吩咐我们，叫我们把这两担银子送回家来，交给您，他呀，还有些业务没有忙完，办完事他很快就回来了。”诚一嫂看着面前的两人和地上的金银担子，听着他们说的话，感觉好像做梦似的，缓不过神来。“要不然您打开看看，里面还有鲍老爷写的信呢！”看着诚一嫂迟疑的样子，两个脚夫着急地想证明他们的身份。

诚一嫂也不知真假，这么两担子银子，万一要弄错了可怎么办，丈夫之前也没有写信说过这件事，她觉得这事儿好像有蹊跷。于是她对两个脚夫客客气气地说道：“这里是宣忠堂不错，但是宣忠堂有好多户头啊，你们是要找哪个户头呢？你们说是要找鲍诚一，可你们手里也没有他的书信，我怎么相信你们呀？万一拆开来要是弄错了，不是招人笑话吗？”两个脚夫你看看我，我看看你，他们也答不上来。诚一嫂笑了，心想：看吧，你们自己都弄不清楚，这稀里糊涂的银子，我可不能接。这下两个脚夫也不知该怎么办好。还是诚一嫂冷静，她端出两碗茶来，细声说道：“两位兄弟，挑了一天的担子，肯定是累了，先喝口水吧。这样，要不再麻烦你们去问问宣忠堂大房清吉奶奶吧，她男人在扬州做生意多年，生意一直不错，这银子呀，没准儿是他捎回来的。”

两个脚夫听了这话，也没了主意，只得挑起担子噔噔噔又出门。出了门便犯嘀咕：“这诚一嫂还真是奇怪，送上门的银子，怎么都不要？唉，都怪老爷没有交代清楚，也不给我们书信，这到底是哪一家呀？”照着诚一嫂指的路，很快就到了清吉奶奶家。两人把门敲开，向清吉奶奶说明了情况，清吉奶奶笑着说：“难为二位客官了，我家大人呀，早就把银子和年货托人捎回来了，他不多久也要回来了。这银子呀，肯定是诚一嫂家的。我听外面都在说，诚一爷在扬州发财了，肯定是他捎回来的，不会有假。”两位脚夫连连点头：“对，对，对，鲍老爷官运亨通，发财啦！”说罢，别过清吉奶奶，挑起担子又掉头往回走。

这边宣忠堂里，诚一嫂刚刚吃过饭，拿出针线来，打算把自己的衣裳再补补，这两天砍柴有些刺破了。刚穿好线，不提防两个脚夫又回来了，诚一嫂慌忙站起来，刚想开口问，那边一个人就开口了：“诚一嫂，哦，不不，大奶奶，我们确认过啦，这不是清吉奶奶家的。这一回呀，您什么也不用说，一定得收下这银子，您再不收，可真是要折磨我们俩嘛，要不您就把这封条打开，看一看里边的信，点一下数，准没错儿。”诚一嫂想，这外边确实有人传言，诚一发财了，可是他也没来过家书，这是真是假不知道呀，无凭无据的，我怎么能收下这意外之财呢？再说，曾祖士臣公曾经有教诲：商家以“诚信”二字为重，切不可见利忘义。想到这里，她更坚定了不能要这银子的想法。“这样吧，你们不是说鲍老爷就在城里办点事，一会儿就回来了吗？那我也先不动这银子，等到他回来，是真是假便一清二楚了，不是吗？”两个脚夫也不敢私自打开封条，便只能无奈地答应诚一嫂。

然后诚一嫂让两个脚夫坐下，她知道他们两个今天挑着这么沉甸甸的担子走了一天肯定是累坏了，连忙从厨房端出来一碗茶叶蛋。“别急，别急，不管这银子是不是我家的，你们两个今天都累了一天了，先歇下来吃点东西，我这就去给你们煮面。”说罢就进后院去了。

两个脚夫无可奈何，摇摇头坐下来，这才发现肚子真是有点饿了，便也不客气地拿起茶叶蛋吃了起来，边吃还边埋怨：“唉，这个大奶奶啊，真是没办法，有银子非不要，害得我们进了出，出了进的……”正说着，忽然听见外面不知谁在喊：“哎呀，诚一哥回来啦！”话音刚落，就见一个身着大马褂，体格魁梧，目光炯炯，红光满面的男子汉，步履轻盈地走了进来。两个脚夫赶紧迎了上来，施礼作揖：“老爷辛苦啦！”

诚一嫂显然是听见了外面的响动，边擦手边往外跑。走到面前，看到阔别已久的丈夫面色红润，喜气洋洋，精神抖擞，又高兴又紧张，竟然不知道说什么好。有个脚夫反应快，赶紧来缓解这有点尴尬的气氛：“大老爷，这两担子金银嘛，好说歹说大奶奶就是不收，她说没有您的手书，来历不明啊……”鲍志道听了这话，哈哈大笑：“对对对，这怪我疏忽。这种事情，我家祖上士臣公最讲究了，凡事都要弄清楚明白了才好，不能收不明不白的账。好吧，现在就请你们帮忙打开吧！”两个脚夫七手八脚把封条撕开，打开竹篓盖子，一瞬间，白花花的马蹄银，映出闪闪亮光。银锭上放着一张信笺，上面端端正正写着：“棠樾宣忠堂鲍志道妻汪氏家：兹奉上纹银两千两，供年终家用。鲍志道。乾隆三十四年十二月。”

诚一嫂的眼眶湿润了。她等啊盼啊，这么多年默默祈祷、无私奉献，一直期待自己的丈夫能够有朝一日出人头地，现在这一天真的来了，她却有点不知所措，不禁喜极而泣……

鲍志道的生意做得一天比一天大，鲍家的日子越来越好过，诚一嫂三次拒绝金银担子的故事也从此流传民间。

四、乐善好施终建坊

鲍志道被推选为两淮盐务总商后，立志要改革盐界奢靡的习气。他和当时得到乾隆皇帝恩遇的歙县盐商郑鉴元一起，积极倡导程朱理学。他还认真改进人事制度，把商家、宾客及公用奴仆的人数大大减少，尽量不出现闲职、闲人。在用人上他选贤任能，只要是有真才实学，鲍志道都愿意给个机会让他一展身手。薪俸方面，他是按例分配，对于那些工作出色、效率高的人，从优付给，贤能卓著者往往发现自己的薪俸比以前更多，如果发现有人不务正业，鲍志道则搁置一边不再使用，这就激发了大家的斗志。以前两淮航道的盐船，经常会有不幸翻船的，按照惯例要责成遇险的商家补运，这样的话对商家来说是双倍的损失。鲍志道有鉴于此，创设了“津贴法”，一商舟溺，众商赞助，这一办法得到了广大商户的拥护。乾隆末年的时候，福建的私盐蜂拥运入淮盐引地江西，使得两淮盐商束手无策，鲍志道挺身而出，花了两年时间进行梳理，总算清除了这个隐患。

鲍志道以他干练智敏的才能，斡旋于盐场和众盐商之间，盐业的消长盈缩，他都处理得井井有条，赢得了朝廷的封赐和恩赏。从乾隆五十五年（1790年）到嘉庆六年（1801年）的十一年间，他先后被敕封为“文林郎内阁中书”“候选道”“奉直大夫内阁侍读”“朝议大夫刑部广东司郎中”“中宪大夫内阁侍读”“朝议大夫掌山西道监察御史”等六个官衔。这些官衔，虽然都是虚职，但是可以享受到经济上和政治上的种种特权。

在出任两淮总商二十年的时间里，鲍志道在商界享有极高的威望，其家道蒸蒸日上，成为江南巨富。但他把自己白手起家的辛苦、创业路上老乡的支持一直铭记在心里，所以他依旧勤朴如初、急公好义，并教育自己的子女们亦如此。

鲍志道在扬州致富，便在扬州城内盖了一处新府邸。落成那天，管家请鲍志道来巡视，刚进大门，就见大门两旁各放置着一条长凳。志道不解，管家说道：“这叫懒凳，凡是扬州大家府邸都有，是给下人劳作累时休息用的，以此来显示主人宽厚仁爱的风度。”鲍志道沉思片刻，吩咐管家：“立即撤除懒凳。自今以后，凡鲍家院落各处，不许有一条懒凳！”后来“鲍家无懒凳”便成了扬州乡宦名流中的一句俗谚，这个故事充分说明了鲍志道以勤治家的思想。

鲍志道家里从不演戏，不容车马，不留宿淫巧之客。平日他身体力行，凡事都亲力亲为，他的妻室子女还亲自操持洒扫、炊事、浆洗等家务。

鲍志道对自己家要求勤俭节约，但是在兴办慈善事业方面却是不遗余力。当时，他与别人不同的是“独不喜建佛堂道院”。他乐于把钱花在修桥建路、办书院、建祠堂、置义田，为节孝人请旌、树立牌坊上。扬州康庄以西至钞关北抵小东门的街道，是他独资修建的；歙县河西太平桥的修建，他捐银最多；他又独资重建古关古虹桥，修复城内紫阳书院、城外山间书院，并襄助学子膏火费。除此之外，他在故乡棠樾村投下重金，大力修建祠堂、牌坊、街道和农田水利。他与弟弟鲍启运别出心裁地构筑了“世孝祠”“女祠”。世孝祠供奉鲍氏自宋以来的孝子，女祠专供女主。鲍启运捐义田一千二百余亩，分“体源”“敦本”两个税户，分别救济族内鳏、寡、孤、独四种穷人，逢荒年平粜赈济族人度荒。鲍志道的妻子也以积攒的私银购田一百余亩存入女祠，专做赡养周济女眷之用，规定不惠及男丁及未出嫁的女子，创下先例。鲍志道还在多处建立义学，供贫困家庭的孩子入读；在北京，他建立了扬州会馆，为往来的商旅安排食宿，存放货物。因此，他多次得到皇帝嘉奖。他去世后，他儿子鲍漱芳于嘉庆六年（1801年）继承总商位置，也继续发扬乐善好施的精神。

嘉庆十年（1805年），洪泽湖决堤，继而淮河、黄河发大水，鲍漱芳集议公捐大米六万石、小麦四万石赈济灾民，使数十万人获救。此外，他还先后为抢险护坝、疏浚河渠等集众输银三百万两，为疏浚江都芒稻河独捐银六万五千两，因此受到朝廷的一再嘉奖和优待。为了解决淮河经常决堤问题，他捐资组织工匠造了铁皮筏子百余具，以供治水之用。同父亲一样，他也是一个重视教育、崇尚儒学的人，家乡的紫阳书院经常由于经费不足而运营不下去，他捐银数千两，并不时赞助学生的生活费，让他们不用为生计发愁，安心做学问。在地广人稠的江南会城，他建立“崇义堂”以供诸生课读，建立“集英堂”以教贫寒子弟。某年扬州歉收，他设厂赈灾……他多施善行，兴里社，筑水坝，置义学，修道路，周济贫困、婚葬等义举数不胜数，竭力施与，终身不倦。他还遗命其子鲍均捐修府学、重建忠义祠等。

终于，在嘉庆二十五年（1820年），皇帝下旨赐建了这座乐善好施的“义”字牌坊。鲍氏家族忠、孝、节、义的品行得到了记载，流传后世。

乐善好施坊

第五章

祠堂义田存家规

一个国家有国风，一所学校有校风，一个家族有家风。鲍氏家族出现这么多孝子贤妇，他们是如何培养出来的？长久以来的家风又是靠什么维持的？或许我们从鲍氏家族的宗祠和义田中可以一窥究竟。

第一节　从宗祠看孝道

宗祠，也就是祠堂，是我国古人供奉祖先和祭祀的地方，每一个宗族都有一个祠堂。随着时间的推移，后辈的增加，宗族变得越来越大，人数越来越多，并派生出很多小的支派，一个宗祠已经不够用，又会新建很多小的祠堂。

现在祠堂在城市里面已经基本找不到，广大农村地区也得仔细访查才能觅得。但是在徽州地区，祠堂却是当地的三绝之一，与“牌坊”“民居”一起构成了徽州地区独特的人文景观。

一、宗祠从哪儿来

祠堂的主要功能是祭祀祖先，祠堂的来源和我们最早的祭祀活动有着天然的关系。

中国祭祀祖先的制度很早就存在了。最初的祭祀活动比较简单，也比较原始。人们用竹木或泥土塑造神灵“偶像”，或在岩石上画出日月星辰、野兽等神灵形象，作为崇拜对象的附体。然后在“偶像”面前陈列献给神灵的祭品，并由主持者祈祷，祭祀者则对着神灵唱歌、跳舞。进入文明社会后，物质的丰富使祭祀礼节越来越复杂，祭品也越来越讲究并有了一定的规范。

西周时候周天子实行分封制，以皇室家族为中心，按照血统、血缘关系组成社会集团，用来维护贵族阶级世袭统治。宗法制度在周天子和被封诸侯间实施。那时候，只有像天子和诸侯这样的贵族阶级，才能建立宗庙来祭祀自己的祖先。而作为庶人的普通百姓是没有资格建庙祭祖的，他们的祭祖活动只能在自己的居室里进行。到了秦朝，由于皇权高度集中，帝王地位至高无上，除了始皇帝，谁也不能建立家庙。汉代时，因为实行了郡国制，宗法制度不像过去那么严密，开始有了松动。同时西汉王朝初始采取清静无为、休养生息的政策，在祭祀的礼仪上，司马光说“汉世公卿、贵人多建祠堂于墓所”，可见这时家庙被简单实用的祠堂所代替。这种在祖坟前修建纪念性建筑的做法，当时比较流行，但尚建立在村外，这种做法一直延续到了宋代，墓祠也渐渐由村外移建到了村内，同时祠堂规模也越建越大。

宋代的理学家们强力提倡“三纲五常”，并且认为“生民之德莫大于孝”，致力于让祭祀的礼俗更繁杂、更严谨，否则就不足以表达对先人的尊敬和仰慕。比如，后来学者考证出，宋代的“庙制”规定：一品至三品官职的，家庙的规格是五间；四品以下的，规格是三间；没有官职的士人和普通老百姓，只能在正寝的北侧供奉高祖父、曾祖父、祖父、父亲四世神主。

普通老百姓真正大规模地建立宗祠应该说是从明朝开始。嘉靖时发生“大礼议”事件，礼部认为嘉靖皇帝应该照传统宗法的规定实行帝系继嗣，也就是继承大宗血脉，就像当年汉哀帝与宋英宗一样，都是以外藩身份入继，然后过继于大宗。所以按照以上传统旧例，嘉靖皇帝应该改认孝宗弘治皇帝为皇父，以承接孝宗一系的血脉，而他自己的亲生父母则要改称为皇叔父和皇叔母。

当时，嘉靖皇帝是个有个性的青年。想当年刚从湖北来到北京，就和大臣“干了一架”，非从皇城第一门的大明门进去，最后大臣也只得无奈妥协。面对礼部要他改称自己父母为皇叔父、皇叔母的这一要求，嘉靖皇帝一如既往地保持着自己的个性——坚决反对。最后嘉靖皇帝经过和礼部长达三年的斗智斗勇，终于取得成功——尊称父亲为“本生皇考恭穆献皇帝”，母亲为“本生圣母章圣皇太后”。

嘉靖十五年（1536年）嘉靖皇帝更其父亲“世庙”为“献皇帝庙”，在宗庙告成之时，礼部尚书夏言上疏建议皇帝在臣民祭祖方面也加以“推恩”。夏言的上疏为《令臣民得祭始祖立家庙疏》：“臣民不得祭其始祖、先祖，而庙制亦未有定制，天下之为孝子慈孙者，尚有未尽申之情……乞召天下臣民冬至日得祭始祖……乞召天下臣工立家庙。”他请求皇上允许臣民祭其始祖、先祖，并确立庙制的定则。在夏言看来，这是将皇帝尊祖敬宗之心、奉先思孝之实推及普通百姓，以显示皇恩浩荡，从而革新礼制，以告万世，使君臣青史留名。

夏言的上疏不是偶然的。社会的动荡不安，频繁的农民起义，让很多有识之士率先改变了对宗族的看法。他们认识到，宗族既可以是一个“慎终追远”的纯伦理性的组织，也可以改造成一个地方管理机构，如果利用得当，是可以利用宗族来协助官府管理百姓的。所以夏言晓之以理，动之以情，希望普通老百姓建立宗祠能够合法化，得到了官府的认可。

奏疏中提到允许百姓祭祖可以“化民成俗”，能够起到教育百姓遵守礼法的作用。这在当时是很迫切的事情，而仅仅依靠地方官府却很难做到。所以嘉靖皇帝准奏，并下诏“许民间皆得联宗立庙”。这样公开许可百姓建立宗庙，在官方文献中是头一次。而这却是平民百姓期盼多年的，于是，禁令一开，极短时间内便宗祠满天下。

其实，早在几千年前的春秋时期，那时候的读书人就已经充分意识到了孝与忠的关系。《论语》中有“其为人也孝弟而好犯上者鲜矣，不好犯上而好作乱者未之有也”，《礼记》中有“忠臣以事其君，孝子以事其亲，其本一也”的句子，这都充分说明孝顺父母、忠君爱国其实在本质上是一致的。这么多年的历史教训，统治者更加清楚，为了要臣民忠于他，就得从提倡孝道入手。要提倡孝道，必须依靠宗族的力量，推广宗祠的建设，以利于臣民的“慎终追远”。

从此各地广建宗祠，但是有一个明显的现象，那就是南方要比北方多。这可能是由于南方相对于北方要安定和平一些，尤其是徽州地区。清代学者赵吉士在其书《寄园寄所寄》中说：“新安各姓，聚族而居……千年之冢，不动一抔；千年之丁，未尝散处；千载之谱系，丝毫不紊……”鲍氏宗祠便是其中之一。

二、鲍家宗祠的故事

鲍氏家族正是在明朝嘉靖年间开始了其家族宗祠的建设。

棠樾牌坊群旁现在还有三座宗祠："敦本堂"是鲍氏宗族的男祠；"清懿堂"是鲍氏宗族的女祠，也是全国为数不多的女祠；"世孝祠"里面祭祀的全是鲍氏家族的孝子。

敦本堂

敦本堂是鲍氏在棠樾一支的支祠，是鲍氏第十六世孙鲍象贤退休回乡后组织族人修建的，原是为了纪念八世支祖庆云公而建。庆云公排行万四，字泽叔，德高望重，受族人仰戴，被立为门祖，所以这个支祠又叫"万四公祠"。后来，敦本堂年久失修，破落不堪。清朝嘉庆年间鲍志道与儿子鲍漱芳出资进行了重修和扩建，这座祠堂也就变成了鲍氏家族的宗祠。

祠堂的地址曾经是西畴书院，所以又叫"西畴祠"。西畴书院在鲍氏子孙的成才教育中功不可没，鲍家子弟大部分都曾在这座书院中读书，孝子鲍寿孙还曾经是书院的山长和老师。正因为西畴书院对于鲍氏家族意义非凡，所以鲍氏支祠也选择建在这个地方。

鲍氏宗祠敦本堂

敦本堂坐北朝南，为三进五开间，全部采用木质结构建造，简单而朴素，一如鲍氏家族的家风。一走近祠堂，就见匾额“乐善好施”下“敦本堂”三个大字高悬堂前，十六扇金漆屏门一字排开，上面刻着清朝号称“国朝第一”的大书法家邓石如写的《鲍氏五伦述》。宋朝理学大师朱熹的训词——“忠、孝、节、廉”四个大字醒目地书在墙上，提醒着鲍氏后人时时恪守。

《鲍氏五伦述》是鲍氏第二十二世孙鲍逢仁撰写的，宣扬历代鲍氏子孙在恪守君臣、父子、夫妇、兄弟、朋友五伦方面的范例，希望能够将这些生动的例子作为后世学习的典范。

书写者邓石如也是个大孝子，他远游归来，第一件事就是礼拜先人墓，其次才进家门。能够有机会书写展示在庙堂之中的鸿篇巨制，邓石如激动不已。由于在情感上引起了强烈共鸣，所以书写的时候，邓石如极其用心。而篇幅如此巨大的作品，在他的一生中也是非常罕见的。

鲍氏五伦述

古者重门业，称族望，非第贵其昌炽蕃衍，盖必先世之至行，足以垂衮后昆，而族始大焉。至行者，庸行也。中庸所谓君臣、父子、夫妇、兄弟、朋友，天下之达道是也！然千古以来，能尽此五者盖罕，求备于一姓之中，则尤难。此万石家风，谢公祖德所由叙述，以为不可及也。吾与从子盛棠修宗谱，考先世行事于五伦，有各造其极者，不禁欣幸，向慕而敬述之。

鲍氏出夏禹后，敬叔食采于鲍，因以为氏；叔牙公为齐卿，勋公为魏御史中丞，伸公为晋护军中尉，皆能以其君显，而炘公于晋武帝时，尝被召引论易义，帝顾谓群臣曰：朕与此人言意甚开畅。问年几何？以六十有七对，帝曰："昔太公既老而遇文王，今卿遇朕，岂非早乎？"对曰："臣才不敢望太公，陛下尊过西伯，愿天假余年，当竭驽骀以报。"官终冀州刺史。若此者，明良交契，可谓有是君、有是臣矣！宋时宗岩公遇盗被缚，将杀之，子寿孙公拜前愿代死，父曰："吾老矣，仅一子，若见杀，宗祀绝矣！"盗两释之，事载《宋史》。明成祖赐诗旌门有曰："鲍家父子全仁孝，留取声名照古今。"斯谓之父父子子矣！《新安名族志》载：允亨公与弟遇贼于螃蟹矶，受刃争死，贼为感化，兄弟保全，又岂非二难乎？若夫妇之伦，如宣公与桓少君，鹿车共挽，为千古内则；朋友如《史记》所载，鲍叔与管仲分金事，至今称道勿衰。吾鲍氏于五伦皆有卓然表著者，何其幸欤！吾宗人既得诵先人之清芬，又将启后人之则效，所当交相砥砺，嗣家声以绵世泽，斯不愧为鲍氏子孙矣！因为盛棠言，盛棠曰："是当勒诸祠，以告吾族人。"于是乎书。

乾隆三十三年戊子人日忠分下，逢仁谨识，时年八十。

邓石如在鲍家留下了不少墨宝，例如"世孝祠"门额、"敦本堂"两侧柱子上的对联、"龙山""璁步亭"等，还有这幅巨作《鲍氏五伦述》。邓石如虽同为徽人，但是之前和鲍氏并不相识。且此时邓石如的书法已经小有名气，鲍家却能受此殊荣，大概这就是缘分吧！

邓石如出生在贫寒农家，靠着天生禀赋和勤奋刻苦，自学成才，一生淡泊名利，云游四海。大约在乾隆四十六年（1781年），他来到古城歙县。在这里，他结识了经学家程瑶田、编修张惠言、状元金榜，得到他们的赏识和帮助。后来又在金榜的举荐下，拜见了户部尚书曹文植，受到曹的称赞，由此声名鹊起。

邓石如在歙县期间，四处游访，邂逅了鲍志道。此时鲍氏官商门第正亨通鼎盛。身为两淮盐务总商的鲍志道，在故里修建祠堂、翻新社庙、竖立牌坊、复兴古迹……同时也敦请天下名士为堂、庙、祠、社撰记、写联、题匾等。邓石如虽是布衣出身，但是得到状元金榜、尚书曹文植的器重，书名日噪，号为“国朝第一”。此时他不请自到，怎么能错过呢！于是鲍志道热情款待，并用美酒佳肴将邓留住在府上。邓感激鲍的恩情，而且二人相谈甚欢，所以他对索字有求必应。这便是鲍家众多题字、刻碑都出自邓之手的原因。

敦本堂正堂的两根柱子上的对联是乾隆皇帝给鲍家的题词：“慈孝天下无双里，衮绣江南第一乡”，正门的对联是“慈孝为先人伦乐地在棠阴，诗书继后学问性天唯敦本”。鲍氏家族的传家理念“慈孝”二字时时刻刻都在突显。

鲍象贤建祠时曾经亲手制定了一套祠规，以规范鲍氏家族的行为。祠规言简意赅、通俗易懂。

西畴祠规

鲍象贤（思庵）

祠堂所以尊祖，尊祖所以敦睦。一本之义既明，亲爱之心自起，此同建立本意。若分门定居，恃强凌弱，虽建何益！至于附祀，贤者附之，则人皆勉于善；贵者附之，则人皆力于学；出财而恶者亦附之，则为子孙者，皆知立业，以伸祖考之敬。此固附祀本意。若计利违义，各图己私，虽祀何补！凡我宗人，宜悉此意。租谷之入，二祭之外，余银存匣，以候修举众事，不可各收己身。如有违执，亦勿争论，以伤大体。但祭版不列先名，分胙不颁其份，使自省。

明隆庆元年七月廿六日思庵谕言

最特殊的祠堂——清懿堂

在男尊女卑的中国古代，女人是男人的附属品。家有祠堂，用来祭祀祖先，这里的祖先，指的都是男子。没有谁家祠堂为逝去的女人立牌位，让后人祭奠的。但是，在徽州，却出现了一座独一无二的女祠——鲍氏家族的清懿堂。

清懿堂，是徽州鲍氏第二十四世祖鲍启运组织修建的，借以纪念为徽商的辉煌做出牺牲和贡献的鲍氏妇女。

鲍启运年幼时，其哥哥鲍志道便外出学做生意去了，家中的重担理所当然地落到了姐姐的身上。彼时，鲍启运还只是个几岁的小毛孩子，可怜父亲、母亲身体都不是很好。父亲由于年轻时候也是在外经营，身体没能保养好，有严重的风湿病，天气一发生变化，身上各处关节就会疼痛难忍；母亲有哮喘病，稍微累一点身体就会有反应，开始不停地咳嗽。都说女儿是父母的贴心小棉袄，两位老人这般状况，大姑娘自然是不忍心让他们劳累，于是她用自己的双手将这个家艰难地撑了起来。

按今天来说，其实她还只是个十几岁的小姑娘，可以说乳臭未干，还没来得及体会生活的美好，就尝遍了人生的辛酸。

棠樾村的人们经常看到这一幕：一个身穿粗布衫的小女子，头上裹着一方汗巾，胸前挂着一个竹筐，肩上扛着一把锄头，后面跟着一个小孩。不用问，他们就知道，这是启运姐弟又出门劳作去了。因为父母身体不好，孝顺的姑娘是不肯再让他们出来受罪的，所以她又当女儿，侍奉双亲，又当爹妈，抚育弟弟。

家庭的重担加上这几年的风吹日晒，让鲍启运的姐姐额上多了一些不属于她这个年纪的皱纹，双手也变得不再纤细。可是她明眸皓齿，身段匀称，虽说不是倾国倾城，但也算得出水芙蓉般清新脱俗，所以也不是没有媒人来说亲。父母亲纷纷劝她出嫁，别被他们老两口拖累了。她只淡淡一笑，每天依旧操劳着，后来媒婆都知道她的想法，也都只得替她惋惜了。

虽然姑娘自己这么说，但是父母亲却不能这么做。他们心里想着，大儿子鲍志道出门经商已经有七八年，去年年底回来的时候，看他已经做事像模像样，自己也有主见，两位老人商量着是时候给他聘一门亲事了。大儿子一娶亲，有了儿媳照顾家里，这时候给姑娘找一户人家，她就没有理由再拒绝了。

于是两位老人在托媒人给儿子找对象的时候，也嘱咐媒人帮女儿找一个。

事情如果照这样发展下去，鲍志道娶了妻，姐姐嫁了人，那结局还是比较圆满的。可是谁承想天有不测风云，计划赶不上变化。

鲍志道的亲事很快就说好了，对方就是鲍宜瑗早年经商时候认识的朋友汪志达的闺女。这家人鲍宜瑗是清楚的，汪志达做生意的时候就丁是丁，卯是卯，从不多拿别人一个铜子儿，童叟无欺。这样人家养出来的闺女，鲍宜瑗一万个放心。

媒人给鲍家姑娘也说了一个，对方是一个普通人家的男子，两个人八字特别合，鲍家二老别提有多高兴了。

两位老人跟女儿说了说这个事儿，女儿虽然嘴上还是在说着要照顾父母一辈子，但是喜悦之情已经溢于言表了。在等待哥哥回来成亲的日子里，她依旧每天早出晚归，劳作如初。

这天她感觉自己身体有些异样，头晕乎乎的，天大亮了她还不甚清醒。但是想到父母亲身体不好，弟弟还小，都需要照顾，她咬咬牙还是起床了，但起床后就感觉头晕目眩，可她仍强撑着做饭、洗衣。她并没有对家人说，她知道父母年纪大了，家里条件又不好，任何一件意外事情的出现都只会徒增家人的担心和悲伤。所以她尽管感觉没有气力，还是照常出去砍了两担柴回来。哥哥马上就要回来成亲了，家里必须多备下些柴火才是。晚上收拾完屋子，吃了少许饭，侍奉完父母、弟弟，便早早睡去。她想，或许是感染风寒了吧，过几日便会好的。可是，第二天，她没有觉得身体好转，反而觉得加重了。她的脸色很差，身子很虚弱，走路都仿佛要摔倒。父亲鲍宜瑷看着，感觉到不对劲，不顾她的阻挠找来了郎中。望、闻、问、切之后，郎中引鲍宜瑷出里屋说："姑娘平时劳动强度很大吧？她这是劳累过度所致，先让她卧床休养一段时间，多喝些滋补的汤药，好好调理调理才是。"

得到这消息，鲍宜瑷很自责，由于他和妻子身体不好，让女儿为他们整个家操心，累坏了身体，他心里很过意不去。从此，他和妻子便不让女儿出去干重活。可是善解人意的姑娘又怎么舍得让有病的父母出去操劳？尽管她能感觉到自己身体很虚弱，但还是抢着出去劳作……在一次风寒感染中，抵抗力差的她也被传染了，开始咳嗽，有时竟然一整晚一整晚不停地咳。这时候她实在没有办法再强撑着出去劳作了，开始卧床休息。可是老天似乎无意眷顾这个可怜的女子，在一次傍晚的咯（kǎ）血后，她再也没能起来……

长大后的鲍启运，曾跟着哥哥鲍志道一起经商，在哥哥的带领下，也同样闯出一片天，担任扬州盐法道员。但是苦命的姐姐，在他心里一直是个结。

按宗族传统，姑娘去世后是进不了本族祠堂的。于是鲍启运大胆设想，专门建立一座女祠，专门供奉像他姐姐这样为家庭做出重大贡献的女子。他把想法跟族人一说，竟然得到了大家的一致认可。于是由鲍启运出大头，组织人手，修建了这座全国独一无二的女祠——清懿堂。“清懿”是清白贞烈、德行美好的意思。明清时期正是徽商的黄金时代，鲍氏家族外出经商的男性不在少数，家中只剩下女性勤俭持家。她们为鲍氏家族的兴盛发达做出了不可磨灭的贡献，这实在是鲍氏家族的一大骄傲。

这座祠堂在嘉庆六年（1801年）的秋天落成。

清懿堂

那天，晴空万里，景色宜人。不远处的园子里飘来了瓜果的香味，今年定是个丰收年。鲍家老少个个容光满面，大家都在为这座特殊的祠堂的揭牌仪式而准备着。

就在大开中门、燃放鞭炮的当口，族长意外收到了来自浙江龙游兰姑太送来的一担厚礼：一百两银锭、一副折断的九连环、九十九枚铜钱，还有一封诗体书信。

原来兰姑是棠樾鲍氏家族的姑娘。到了豆蔻年华之时，父亲为她在生意场上订下了一门亲事，对方是浙江龙游吴员外之子。夫家虽是大门大户，家财万贯，可丈夫却从小就体弱多病，一直是个药罐子。父母之命、媒妁之言的婚姻，兰姑只得接受。嫁过去后，虽心中郁郁寡欢，但也只得认命，她尽心照顾多病的丈夫。或许是兰姑调理得当，丈夫的病略见好转，兰姑也渐渐喜笑颜开。更让一家人高兴的是，第二年兰姑生下了一个儿子，取名小宝，小家伙的到来给整个家庭带来了无限欢乐，兰姑的生活也变得有盼头了。没想到在儿子三岁那年，丈夫旧病复发，咯血身亡。

那年代，男人就是女人的天。虽然丈夫有病常年需要照顾，但是兰姑至少不用独守空房，还有个人说说话、唠唠嗑，孩子也还有个爹。现在丈夫去世了，兰姑瞬间感觉天塌了，她紧紧抱着儿子泣不成声。更让兰姑想不到的是，命运对她竟是这样的残酷：几年后，七岁的小宝染上风寒，虽然请了大夫，但是有可能是小宝感染太过严重，经过几天几夜的治疗，大夫也没能妙手回春——小宝离开了兰姑。

这一年，兰姑才二十一岁。她不敢想象，自己将要如何度过后半生。漫漫长夜，孤灯一盏，兰姑呆呆坐着，她眼前浮现出祖母愁苦的面容。兰姑的祖母正是前文“立节完孤、矢贞全孝”牌坊的主人汪招。祖母也是二十多岁就守寡了，她记得幼年时，有时半夜醒来，却见祖母蹲在地上，一粒一粒捡黄豆。一年又一年，一天又一天，原来祖母是用这种方式在艰难地熬着她的青春年华。兰姑瞬间体会到了祖母的凄苦。她收起曾经的怨天尤人，收起对命运的抗争，因为她知道，这都无济于事。

白天，兰姑和佣人一起打扫庭院、操持家务，尽量不让自己闲下来。可每当夜幕降临，心底的阵阵忧伤便让她不能自已。她默默拿出自己童年玩过的九连环，黑暗里一柱一柱地套，一柱一柱地解，套过九九八十一环，再解开九九八十一环。直到筋疲力尽，有时候竟发现窗外已有白光，才知道天都亮了。就这样过了三十多个年头，九连环的铜扣已经磨得锃光瓦亮，兰姑也由一个青春少妇变成了花白老妪。有一天晚上，她像往常一样在解扣时，突然“啪”的一声，九连环断了，铜扣洒落一地。兰姑一惊，慌忙弯身去拾，苦笑一声：是啊，三十多年了，一年三百六十五天的陪伴，你也累了吧？她把断掉的九连环小心翼翼地用布包了起来，心里想：这下该怎么办呢？以后的夜晚该如何熬过？蓦地看到桌子上有一叠铜钱，拿来数过，整整一百枚。兰姑随手一撒，然后蹲下身子，就如当年她的祖母拾黄豆一样，摸着黑，一枚一枚地捡起来。然后再撒再捡起，再撒再捡起……这样又是多少个不眠之夜过去了，终于有一天，她再也找不回第一百个铜钱了，她知道自己已近暮年，只怕生命的油灯快要熄灭了。

关于鲍氏家族女祠的建立，我们可以引用同在歙县的另外一个村——潭渡村保存的有关记载。潭渡村住的大部分是黄姓人，其族谱《潭渡黄氏族谱》中一段话很形象：

> 吾乡僻在深山之中，为丈夫者，或游学于他乡，或服贾于远地，尝违其家数年、数十年之久，家之黾勉维持，惟母氏是赖。凡子之一身，有婴及壮，抚养教诲，从师受室，以母而兼父者多有之，母氏之恩，何如其重耶！正幼恃母慈，长承母训，以有今日。

俗话说得好，每一个成功男人的背后都有一个伟大的女人。此时鲍志道已是两淮盐务总商，他的妻子汪氏替他打理着一切家庭琐事，让他可以专心致志处理商场上的事情，没有后顾之忧。汪氏是一位勤俭、善良的普通妇女，她用自己平日里省吃俭用下来的积蓄购买了数百亩良田，并悉数捐赠给了新建立的鲍家女祠——清懿堂，称为“节俭田”，便宜租给族中的妇女。对于那些贫困的家庭，按照家族祠规规定每年救济他们谷子二石。爱美之心，自古有之，丈夫为她带回来的胭脂粉，有时有剩余的，她便无偿发放给族中那些用不起的妇女……

清懿堂墙壁上的挂画

现在走进清懿堂，便可见正中高悬一块曾国藩亲笔所书的“贞孝两全”横匾，旌表着鲍氏女性的美德。清懿堂内供着七个女子的牌位，均为家族里有名的贞烈女子，如棠樾牌坊群中节孝坊的旌表者汪招等。

世孝祠

都说“富不过三代”，可是鲍氏家族却历经十几代甚至几十代而长盛不衰。鲍氏家族能够繁衍下来，与其家族以孝治家的理念有着莫大关系。从其家族专门为孝子建立的世孝祠，就可以看出他们对“孝”理念看得是多么重要。

世孝祠是当时担任两淮盐务总商的鲍志道在嘉庆六年（1801年）所建，是专门用来供奉孝子牌位以教育后代的祠堂。用来供奉祖宗神灵、讨论宗族事务的祠堂全国比比皆是，鲍氏家族也有，那就是敦本堂。但是单独为家族的孝子专门修建一座祠堂在国内实属罕见，由此可见鲍氏家族重视孝道和以孝治家的理念。

世孝祠原来为三进，现在只剩下门楼和后进祠堂。门楼上“世孝祠”三个大字为隶书，出自清朝著名书法家，也是鲍志道的老友邓石如之手。檐廊上嵌着六块“世孝事实”碑，碑文也出自邓石如。大门两侧的柱子上用大字书写着一副对联：“国兴靠忠臣良将，家旺须孝子贤孙。”

宋代以后，只要是族中以孝行著名的人，都可以被奉入世孝祠中。祠堂两面的墙壁上嵌有历代鲍氏孝子的名讳、孝行事迹，以及清代书法家铁保所写的《世孝祠记》碑。如棠樾牌坊群中的孝子鲍灿、鲍逢昌的孝行事迹等都“壁上有名”。

新馆祠

清朝末年，国家动荡，徽州地区陆续卷入各种战事，鲍氏宗族祠堂受到破坏。同治八年（1869年），鲍氏宗族后人鲍志桐率族人捐款修复，族人记新馆祠规于下：

歙县新馆鲍氏续议祠规

吾族自咸丰间遭粤匪蹂躏，继以水灾，居户大半为虚，人亦仅存什一，零落之况古所罕有。时著存堂、春和堂两祠宇榱桷半圮，器物荡然，春秋祀事无以为礼。同治丁卯秋，适族人志桐率其幼属回里，目挈心伤，遂与其近服兄志梧、志楷暨近服侄存景辈函商，急事修葺，共输四百金许。今春存晓、存贤回籍谒祠并悬旗额，志桐复偕重事略饰并装设楼上龛座三间，以崇祀典，计费百金，皆由前四人公捐。志桐与存晓又合捐本地上田二十亩，立清节户名，以赡八公派下之贫苦守节者，吾族爰将列祖栗主敬谨整理后，所有权时变通及永远遵守各规逐一公议，开列于后。

计开：

一、升龛所以尊祖也。敦员公辈三公始祖爱子，棠集宋橐公辈八公为始祖功臣，皆尊，莫与并祔。诸中龛平台，历代忠孝节义各主，神人共钦，亦并祔于下，以昭隆重。（凡有功于宗祠及有贤名，为乡邑称服者皆谓之义。）凡文武现任人员（不论品秩）、科甲人员（文以恩拔副岁优、五贡起，武以举人起）、封赠及捐纳人员（文以七品起，武以六品起）、九十寿考人员与捐资配飨者皆列旁龛，男左女右。

二、节妇升龛必须年例合符，实系贞洁可嘉者，无论已旌未旌，皆得公举，不论三四继妻及侧室。惟本夫早逝本不应升，今曲体守节者苦心，列于旁龛以示加意。（倘继妻守节应升，其原配不得随列。）

三、无后者及庶母（指有子者论）之主未便同列正寝，今另设二座于楼西。又旧主中有名讳不清、辈序不明者，亦设一座，西楼南向。

四、捐资配飨固所以遂子孙之孝思，亦所以充裕祠内经费，除应得者不论外，每主仍照续议章程捐钱十千文。凡三四继配例不及封赠，今配飨亦应照此示限。（如捐配飨一代者，原配外只准及第二继配。）倘其子孙欲遂孝思，准照原捐数按主另捐，不得连及，且必先捐其在己前者，然后自捐，不得越次。至庶母捐钱十四千得列正寝楼西（指有子者论）。此咸丰间续议减条也，原以五年为限，今祠产不敷，仍议展限十年。如其子孙有愿为捐配飨者，准照此数倍捐。

五、凡配飨，其子孙本得分胙，今议暂停五年，俟祠产稍充再议。至议胙之日，忠孝节义各裔礼宜较厚，其受胙者必须亲支的派，旁裔不得冒领，忠孝节义者世受罔替，余则以五年为限。

六、吾祠为兵燹所扰，田产多悬，岁入租息尚不及半，未敷照旧办祭，今议暂从省减，每年约开支钱十二千，备春冬两祭等用。（每祭楼上下各一席，席以八碗为率，酒共八斤，香烛二分，纸箔约钱二千。）祭毕食胙。（族长一、司钥一、八公下各一。）清明祭扫经费旧有文灿公墓田租息作为开销，今仍其例，八公派下极少，必各往一人，一俟祠产充裕，再议复旧。（如五年内情形稍胜，至五年议时当酌优。）

七、此次志桐、存晓所合捐清节户田二十亩，本专给节妇，照八公派下人数匀摊。（必须年例合符贞洁可嘉者方给，有子者以成丁为度，无子者给其终身。）今因目前产不敷祭，议暂拨一半租息贴归祠用，五年后再议。（所有给节妇租息亦归祠中值年者代收代付，每年以祀灶日给发。）

八、值年向由八公派下轮当，今在族者仅五，议以五房为轮，每轮正副二人以资协办。（现各房支丁甚少，事亦清简，或一人亦可。）所有账籍公件，至每年祀灶期后上下手核算交盘，凡有大宗动支，必须各房公商，不得擅行。

九、本部四甲册书向由吾族经管，所以杜外姓扰累也。但年来田地荒旷居多，买卖稀少，出息不敷办公，而又未便辞退，今议按族内成熟已产每亩摊输钱五十文，又于祠内每年提支钱八千文，约共二十千文归其出息，五年后再议。（倘提支八千尚不敷用，公议再酌挪二千，俟下年有余归还，然必于办祭之外尚有盈余方得议此。）至族内推收费田地仍照旧式，若房产风水契价重大者须随时公议论酌减，免致受售者碍手，外姓出入听其自议。

十、入祠主费，旧规本只银三钱，不知何时递增，致无力之家率多家祭，今仍以三钱银数，核时价作钱四百五十文，外加做主钱七十文，其主由祠内预备，俾合一式，其八家酒仍照旧邀请。

十一、凡进主之日，寝门启闭，公同验封，公同登簿。（须注明八公派下。）

十二、进主应升龛者，祭菜须楼上下预备二席。

十三、兵燹后吾族零落无考者居多，其产悬而无主，今议清丈之日凡山塘田地房屋等项无主承认，统归祠内收管。倘日后有本主回来，听其认领，除听还丈量各费外，估计酌成捐祠，其已收租息不得领回。若访无服内子孙者，除山塘田地永远归祠外，其房屋恐年久圮坏，是宜公议估价随时典售召赁，其家各代神主俱为入祠。（如本主存亡尚在疑似，总以再等三年为限。）

同治八年己巳孟夏吉日立

三、鲍家祭祖

中华文化之所以传承到今天且愈加灿烂辉煌，可以说与宗族文化的传承是分不开的。因为前朝遗有谱牒，司马迁才得以作《史记》，清代著名学者章学诚曾说："夫家有谱、州有志、国有史，其义一也。"如果说中华文化是盛开在世界文化园林中的一朵奇葩，那么宗族文化就是这朵奇葩下饱含丰富营养的土壤。

宗祠是各个宗族慎终追远和族众心中的主要精神标志。宗祠祭祖，仪式隆重，是最为重要的宗族活动。这些活动，按族法族规进行，由族长组织。宗祠最重要的功能就是通过宗族祭祀，让族人在祭祀中序昭穆，实现收族，即"祀始祖，则族有所统"。

祭祀活动是如何进行的呢？

我国古代四大名著之一、清朝著名古典小说《红楼梦》第五十三回"宁国府除夕祭宗祠　荣国府元宵开夜宴"中对宁国府除夕那天祭祀的景象描写得很具体，我们不妨一看：

且说贾珍那边，开了宗祠，着人打扫，收拾供器，请神主，又打扫上房，以备悬供遗真影像。此时荣宁二府内外上下，皆是忙忙碌碌。

……

原来宁府西边另一个院子，黑油栅栏内五间大门，上悬一块匾，写着是“贾氏宗祠”四个字……旁书“特晋爵太傅前翰林堂院事王希献书”；西边有一副长联，写道：肝脑涂地兆姓赖保育之恩；功名贯天，百代仰蒸尝之盛。亦衍圣公所书。进入院中，白石甬路，两边皆是苍松翠柏。站台上设着青绿古铜鼎彝等器。

……

里边香烛辉煌，锦幛绣幕，虽列着神主，却看不真切。只见贾府人分昭穆排班立定：贾敬主祭，贾赦陪祭，贾珍献爵，贾琏、贾琮献帛，宝玉捧香，贾菖贾菱展拜毯，守焚池。青衣乐奏，三献爵，拜兴毕，焚帛奠酒，礼毕，乐止，退出。……上面正房中悬着宁荣二祖遗像，皆是披蟒腰玉；两边还有几轴列祖遗影。贾荇、贾芷等从内仪门挨次列站，直到正堂廊下。槛外方是贾敬、贾赦，槛内是各女眷。众家人小厮皆在仪门之外。每一道菜至，传至仪门，贾荇、贾芷等便接了，按次传至阶下贾敬手中。贾蓉系长房长孙，独他随女眷在槛内。每贾敬捧菜至，传于贾蓉，贾蓉便传于他妻子，又传于凤姐尤氏诸人，直传至供桌前，方传于王夫人。王夫人传于贾母，贾母方捧放在桌上。邢夫人在供桌之西，东向立，同贾母供放。直至将菜饭汤点酒茶传完，贾蓉方退出下阶，归入贾芹阶位之首。

凡从“文”旁之名者，贾敬为首，下则从“玉”者，贾珍为首，再下从“草头”者，贾蓉为首。左昭右穆，男东女西，俟贾母拈香下拜，众人方一齐跪下，将五间大厅，三间抱厦，内外廊檐，阶上阶下两丹墀内，花团锦簇，塞的无一隙空地。鸦雀无声，只听铿锵叮当，金铃玉珮微微摇曳之声，并起跪靴履飒沓之响。……

当然，《红楼梦》毕竟是艺术作品，源于生活更高于生活。像贾家这样的大富大贵之家也总是少数，而除夕又是中国传统节日中最为重大的日子，这天的祭祀要比普通日子更为隆重。在除夕之外，还有很多日子会举行祭祀活动。

在徽州，祭祖活动名目繁多：有清明前后的春祭；中元节即俗称鬼节的七月半祭；秋祭，一般是在农历九月份至十月份；冬祭，大部分是冬至前后；还有祖先诞辰、祖先忌日等特祭。根据祖制，冬祭是祭始祖，立春是祭先祖，秋祭则是祭死去的父亲。徽州最普遍、最隆重的便是这春、秋、冬三祭。随着宗族的繁衍，有的祠堂容纳不下越来越多的族人。因此，徽州的祠堂越建越大，支祠越建越多。鲍志道在翻修鲍氏宗族的男祠敦本堂时，就把它进行了扩建，以容纳更多的鲍氏子孙。

祭祀头一日，是鲍氏族人热闹而繁忙的日子，男性要杀猪宰羊。他们在祠堂边的空地上架起灶台，锅里始终翻滚着开水，供褪毛洗涮、剖鱼刮鳞。到了傍晚，收拾停当，已经洗净的猪、牛、羊等牲畜，以及鸡、鱼、帛、馔等供品被放置在祠堂的祖宗牌位之前。族人们做好了一切准备，等待隆重时刻的到来。

第二天，天刚放亮，管理祠堂的“祠仆”就鸣锣敲鼓，通知族人齐集祠堂，迟到或者超时未到，按照族规是要接受惩罚的。宗族男女老少，穿上最正式的衣裳，在锣声的招引下，齐聚在宗祠前的广场上。广场上插满了旗杆，每一根旗杆都是为了纪念先人中出类拔萃的某个人物而设立的。时间一到，鼓乐齐鸣，鞭炮震天，祠堂的大门在肃穆的气氛中打开，族人在族长的引领下，秩序井然地进入享堂。

钟、磬合击三下之后，主祭宣布祭礼开始。其后依次是歃毛血、降神、参神鞠躬拜、读祝、化财、望燎……然后，族长朗读明太祖朱元璋的《圣训》：“孝顺父母，尊敬长上，和睦乡里，教训子孙，各安生理，毋作非为。”朗读宋儒陈吉灵的《劝谕文》：“为吾民者，父义母慈，兄友弟恭，子孝妇顺；夫妇有恩，男女有别，子弟有学，乡闾有礼；贫穷患难，亲戚相救，婚姻死丧，邻保相助。毋惰农业，毋作盗贼，毋学赌博，毋好争讼，毋以强凌弱，毋以恶凌善，毋以富吞贫；行者让路，耕者让畔，斑白者不负戴于道路，则为礼义之俗矣！”

接着族人需要拜祖，继而团拜。团拜的内容大致是：同辈行四拜礼互拜，小字辈向长辈行四拜礼。“拜礼毕，依昭穆序次而坐，饮利市酒三杯，不准多饮。各领和合饼一双，出。未冠者不给饼。”利市酒、和合饼都是祭品。利市，是吉利的意思。喝了利市酒，就会交上好运，大吉大利。和利市酒一样，和合饼表达的也是对吉祥如意的期盼。吃了这种饼，生活就会变得和和美美。

这些礼仪程序复杂繁缛，我们现在若不去查阅专业的资料，已是不知所云了。可对于鲍氏家族来说，这祖祖辈辈传下来的礼节已经成为每个人生活的一部分，所以祭祀活动总能进行得有条不紊、分毫不乱。其间，猪、羊、鸡、鱼、馔、帛等供品，一字排列在祖宗的牌位之前，焚烧的烟火在祠堂里弥漫缭绕，宛如仙境。

这只是一个例子，各地宗祠祭祀，由于不同的风俗习惯，可能在流程方面会略有不同。但是，毫无争议的是，祭祀的人们，在用最真诚的态度，做好最充分的准备，来表达后辈对祖先的感恩和纪念。在祠堂中，族人通过对祖先的祭拜，获得血缘与心理上的认同，同时，这种祭祀活动也增强了宗族的凝聚力。鲍氏家族就是这样，祖祖辈辈用最原始、最淳朴的方式纪念祖先，践行着中华民族传统的孝道。

第二节　从义田看慈善

一个大国是由千万个小家组成，一个小家就是一个最小的国。我们的祖先在很早以前就说过：要想治理好一个国家，那就必须要先治理好每一个小家。治国有国法，齐家则有家规，在中华民族悠久的历史长河中，有的是白纸黑字明文规定的，有的则是在历史沉淀中无形中形成的。总之，独具特色的各种家规、族约已经存在于传统社会各个家族中两三千年之久。这些至高无上的权威，用于评判这个家族里面每个人的一言一行、一举一动是否符合标准，一旦出现越轨的情况，轻则受到谴责，重则受到惩罚。而这个家族里面的人也势必会按照家规、族约来要求自己，于是这便形成了一个家族特有的风气。鲍氏家族也是这样，有着他们自己特有的性格，而这种性格的形成可以从义田中一探究竟。

一、义田从哪儿来

在鲍氏家族的敦本堂里，沿着祠堂的台阶一路向上，会发现左右两边的墙壁上嵌着十多方书法刻石，分别是当时任安徽巡抚的朱珪、任两江总督的陈大文，以及大学士刘墉等高官撰写的不同版本的《鲍氏义田记》。朱珪在《鲍氏义田记》中说：

> 余再抚皖之明年，歙人鲍启运可成父宜瑷遗志，积资置义田，以赡族中鳏寡孤独者，族人合祠请立案，既嘉其义而许之，因饬立石以垂永久。因思《礼》曰：尊祖故敬宗，敬宗故收族，是以族属繁衍，困乏相周，急难相救。至于鳏寡孤独之无告者，则尤当矜恤之，使有以为生。顾行之有难与易也，苟拥厚资，博乐善好施之名，推其有余，以周不足，较之有其力而不行者，固曰贤已，然而易也！若家不必素封，铢铢而积之，寸寸而累之，其口体之奉，分以均惠族之茕独，咸利其利于无穷，则难能而可贵者矣！启运之父非有余财，而惟日孳孳终身不倦。启运复恪承先志，敦本务实，图究其事，前后凡十年，共置田五百四十亩，名其田曰“体源户”，盖不忘其父之志云尔。夫启运之志如此，其坚又如此，其久而后成，非特今日之所难，即昔之范、徐两公，又何以加焉！后之子孙，其更体启运之志可也。《书》曰：表厥宅里，树之风声，有守土之责者，欲化凉薄之风，成长厚之俗，非启运其谁与归耶！

可是，鲍氏家族为何有那么多的义田？义田在这个家族起的作用又是什么？让我们先对义田进行考察和解读。

最早的义田，出现在北宋时期。北宋的范仲淹在做官时，从一个叫郭常稔的人手中购入田产千亩，专门用来周济族群中的人。因为这是义举，所以特地给这些田产起名为“义庄”。自他以后，偶尔也有达官显贵仿效，不过没有形成风气。到了明朝，这种现象有所发展，有钱人购买义田作为义庄赡养族人的现象渐渐增多。

因为义田是宗祠经济基础的重要组成部分，敦族敬祖，不仅要讲究义礼伦常，还必须要有充足的钱财，否则，祠堂的权力将会被削弱或者宗祠将难以为继。而有了义田为祠堂提供经济基础，祠堂才可以正常运转或者说是运转得更好，这就使族权得到了保障。而族权又是皇权的辅助，所以历代帝王都普遍重视义田。雍正皇帝在《圣谕十六条》中说道：“立家庙以荐烝尝，设家塾以课子弟，置义庄以赡贫乏，修族谱以联疏远。” 由此可以看出置义庄、设义田对维护社会秩序的重要性。

义田受到政府重视，于是一些拥有族望的人，把建立义庄当作是实现最高道德理想的神圣事业，甚至还有人把范仲淹建立义庄的故事编成歌谣，定为祖训，争相传诵：“子孙贵盛，家门之幸，当思范公，顾恤同姓……”所以，全国各地竞相设置义庄。有的人还把置义庄、设义田写入遗训，指令后人完成，有的宗族则是在开始修建祠堂时就把设置义庄筹划在内。

明清时期，人口的自然繁衍，加上自然灾害频繁发生，以及改朝换代时候不可避免的战事，使得本来就人口稠密的“避难圣地”——徽州地区的人地矛盾进一步加剧，这就让包括鲍氏宗族在内的很多宗族的部分族人长期处于贫困状态。面对这样的状态，倘若没有一个健全的内部救济机制，徽州地区人口的生存、管理和教育，宗族秩序的维持等在很大程度上会成为一个严重的社会问题，而义田的存在恰恰能够缓解这一社会危机。

鲍氏宗族的义田正是在这样的历史时期设置的。鲍家义田很大，有近两千亩，都是由个人捐给公家的。义田既然捐献给公家，不再属于个人，自然要安排专人进行管理。鲍氏义田的管理人员主要有：督总一人，对义田事务进行总体把握；管事三人，分别对具体事务负责。四年后再进行一次轮换。义田每年的租金收入，除去国课、水利、祭祀等方面的开支，所得全部用作“四穷”及残疾人的生活。

二、义田与家规

义田管理也可以算作家规的一部分。范仲淹购置了千顷良田作为义庄之后，在皇祐二年（1050年）制定了《义庄规矩》，这项规矩在治平元年（1064年）得到朝廷的首肯。后来，范仲淹去世后，其子范纯仁将他所定的《义庄规矩》刻在石碑上，立在范仲淹祠堂的旁边，要求“子子孙孙遵承勿替”， 可以说是父子同德，心意相通。

明朝初年，共同生活持续三百余年的浦江郑氏子孙制定了堪称中国传统家规族约的代表作——包括一百六十八条的《郑氏规范》，自此成为明朝以后各家族制定家规族约的典范。嘉靖时期，朝廷开始正式准许臣民祭祀始祖，各家族中的祠田、祠堂、族谱逐渐得到了完善，这也让各家族感觉到制定家规族约的紧迫性。到了明朝后期，几十口人的大家族比比皆是，更使家规族约的制定进入到一个繁荣期。

一般来说，家训的内容是综合性的，会在很多方面对族人提出要求。大部分家训的内容涉及以下几个方面：

第一是孝悌。孝顺父母，敬爱兄长，在传统社会的家庭内部具有无与伦比的重要性。“孝”是百善之首、百德之本，不孝是最大的罪恶。所以，大多数家规都强调“天下无不是的父母”。有的家族甚至在家训中提倡“割股疗亲”“卧冰求鲤”这些“二十四孝”中非常极端的“愚孝”。

在当时，如果一个人做出了孝顺的事情，让整个家族都为之感动，那么族长会按照规定向政府申请对他的孝贤事迹进行旌表，虽然这个过程比较漫长，但是那个时代大家对此心向往之。如果最终得到政府的应允，则由政府出资或者自己筹钱，为其建立牌坊。

鲍氏家族中，就有鲍逢仁等孝子受到旌表建立了孝子坊。一旦这些行为受到表彰，赐坊赐匾，自然也就成为本家族及周围其他家族效仿的榜样。当然，光靠道德伦理的约束是不够的。在清代，孝敬父母是一种法定的义务，如果一个人不孝敬父母，并且情节比较严重，按照《大清律例》的规定，甚至可以被判处死刑。法律的规定在一些家规中也有体现，例如《济阳江氏族规》中就有这样一条：“不孝父母及祖父母者（如骂詈、抵触、缺养等项），初次惩戒化导，令立约存祠，如不改，送官处置。若情节重大者，送官处死。”法律与族规的共同作用确保了孝道在当时社会上的牢固地位。

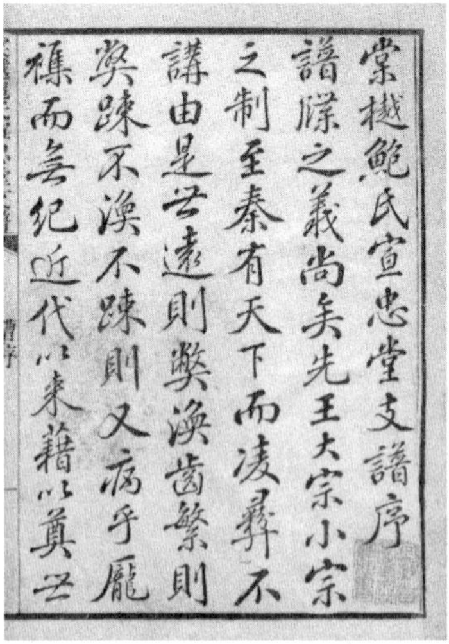
棠樾鮑氏宣忠堂支譜序
譜牒之義尚矣先王大宗小宗之制至秦有天下而淩彝不講由是世遠則繫渙齒繁則奕踈不渙不踈則又病乎龐襍而無紀近代以來藉以真世

棠樾鲍氏支谱

除孝顺父母外，友爱兄弟也是非常重要的。家规族约强调兄弟和睦、友爱。

在长幼有序的伦理下，如果是弟弟有违于兄长，会受到家法的惩处，但如果是兄长的不是，则以劝导为主。如《济阳江氏家训》里有一条即为："有弟不恭兄者，家长当反复告诫，使其醒悟。不悛则治以家法，甚则鸣于官。若兄不友弟，亦当劝之尽道。"

第二是修身。在中华民族漫长的历史长河中，儒家思想一直占据着主导地位，"修身、齐家、治国、平天下"是其中的精髓。在传统社会里，儒家思想始终影响着人们的一举一动，指导着人们生产生活的方方面面。

治国必先齐家，齐家必先修身。作为社会组成单元的家族，会对家族成员的品行、道德做出规范，这些规范一般都具体落实在这个家族的家训里。在修身方面的规劝基本都是以勤俭、朴素、好学、敬业、尊师、正直、廉洁、乐于助人等为要点。勤为开财之源，俭为节财之流，这是大部分宗族劝导子孙勤俭的共识。有的家族在服装穿戴方面也有一定的讲究，《弟子规》中即有"衣贵洁，不贵华，上循分，下称家"之说，意思便是：穿衣服贵在整洁，不在华丽；有职位的人要穿得符合身份，平常的人要穿得和家境相符。泾县倪氏在家训里是这样规劝族内年轻人的穿戴的："服之不衷，身之灾也。衣服附在吾身，吾知而慎之。古者庶人耄耋而后衣丝帛，其余则布素而已。近世无赖少年不安本分，好尚时趋，专求新奇款式耀人耳目，惹得乡人怜，难为识者观。但此辈虽一时侈靡，不转盼而已鹑衣百结，向之华丽者何在耶？戒之。"

廉洁历来也是中华民族的传统美德。在儒家的道德伦理里，廉洁常常与孝悌相提并论，一个人在节操与道德方面最高的表现就是廉洁，廉洁为世人一生品行之所系。为民要廉洁，为官更要廉洁。

除上述这些方面之外，各族规在修身方面的规定往往还包括“戒淫”“戒酒”“戒赌”“戒盗”等。对于妇女，几乎所有的家规族约都要求其遵守“三从四德”，孝敬勤俭，正气和气，明哲保身，循规蹈矩，不要犯“七出”之条。

第三是职业。这是关系族人和子孙后代生存、生活的问题，所以各家族的家规族约对职业的选择有比较严格的规定。在传统的农耕文明时代，耕读传家是大多数家庭的不二选择。从士、农、工、商的排序就可以看出，读书入仕是普通百姓追求的目标，即使是后来经商的鲍氏家族，对于子弟的读书也从来没有丝毫懈怠，甚至希望子孙在生活来源方面没有压力的时候由商贾转而入仕。鲍启运在“抗佥误课”案中交出五万两罚银之后，就激流勇退，彻底脱离了几代经商的行业——盐业，转而读书治家。

第四是婚姻。现代社会基本上都是自由恋爱，只要两个人觉得合适，双方家长不会有过多的干涉，即使会有少数外力的影响，结婚的两个人的意见也是最重要的。但是在古代，婚姻是两个家族的大事，所以在家训族约中对于婚姻有明确的规范，最重要的有这样两条：

（1）同姓不能联姻，这是最基本的原则。古时候，人们认为，有天地然后有万物，有万物然后有男女，有男女然后有夫妇，夫妇则为人伦之始。同姓，如千流万派之同源，千枝万叶之同本，同源同本互相结合的话，那就是乱伦。无论是《周礼》还是《礼记》，都严格规定“同姓万世不婚”，“娶妻不娶同姓”。

（2）注重门第、名声，忌财色，这是古时候婚姻很重要的一点。古人娶妻也好，嫁女也罢，讲究的是门当户对。从媒人手中得到对方资料后，家长一定会关心其家世是否清白，不攀附权贵，也不欺凌贫寒。当然，一般家族不能与“下贱人家”私缔婚姻。所以，汪志达在嫁女的时候，虽然看到鲍家家徒四壁，一无所有，但是出于两家多年的交情，更是看到鲍家子弟个个温文尔雅，前途似锦，才放心地将女儿嫁给了鲍志道。

第五是丧葬。孟子曰“养生者不足以当大事，惟送死可以当大事”，丧葬在传统社会里是比婚姻更重大的事。由于有约定俗成的丧礼，大部分的家约中略去了关于丧礼的具体规定，但是仍在一些细节上做出了规定，比如：父母去世后，子女应竭尽其诚地恸哭；办丧事根据自家的经济状况，不可“贫而厚葬”；入土为安，找一块风水宝地来安葬父母；谨遵丧礼，恪守丧期，三年之内不得行嫁娶之事；等等。

第六是谱牒。“家之有谱，犹国之有史”，谱牒是一个家族中的“传世之宝”。它将整个宗族的远近亲疏都连在一起，将祖祖辈辈、子子孙孙的名号、生殁、葬配都一五一十、清清楚楚记载在其中。正是由于谱牒如此重要，所以各宗族都非常重视，从家谱的编修到保管收藏，都有详尽的规定。

第七是宗祠。古时候，任何一个家族都离不开宗祠与祭祀。在很多宗族订立的家规族约中关于宗祠的条例都非常详尽，尤其是最重要的祭祀祖先的仪式。每个人与祖先都是血脉相连的，没有先祖，便没有如今的自己，因此古时候的祭祀祖先的活动是最重要的，也是最隆重的家族活动。鲍氏宗族在关于宗祠的祭祀活动中，祭祀的先后顺序、主持者、所用的物品、仪式、程序等都有着明文规定，所以鲍氏家族在每年特定的时候举行祭祀活动，有条不紊，分毫不乱。

此外，与宗祠有关的还有义田一项。关于义田，我们从现在嵌在男祠敦本堂内的两则规条说起。在鲍氏宗族的祠堂上，可以看见名为“公议敦本户规条”“公议体源户规条”的刻石五块，这被后人视为当年的慈善事业，也是鲍氏家族的“救济条款”。

三、鲍家义田

可以这么说，明清时期徽州地区宗族能够经常战胜困难、渡过难关，维持宗族社会的正常发展，在某种程度上应该归功于这一时期宗族内部发达的救济机制。体源户义田和敦本户义田在当时棠樾鲍氏宗族内就曾经起过这样的作用，亦在维护家族生活秩序上发挥着协调作用，不可等闲视之。

体源户义田和敦本户义田都是棠樾鲍氏第二十四世孙鲍启运捐献的。在嘉庆十年（1805年）的时候，鲍启运捐献出五百亩田，放入敦本户的祠堂收租，每年以平粜的方式卖给族人赈灾。而这并不是他第一次捐献田产。在这以前，他还以体源户的名义，先后捐献了两次土地，分别为五百四十亩和七百亩。鲍启运这几次一个人捐献田产就达到一千七百多亩。这些义田，全都是他勤俭节约、积累十多年才购置完成的。他在个人生活上勤俭节约，但在赡养族人方面却倾尽所有。关于体源户、敦本户两座义田的设置目的和运作机制，棠樾鲍氏立有两则“义田记”，下面让我们通过这两个文本对其一探究竟。

体源户田记

体源户田若干亩，塘若干亩，岁输粮若干两，入谷若干石……养宗人之鳏寡孤独者……我先君景玉公之意也……鳏寡孤独有养，济我宗人当恤者，约得田四五百亩……户曰体源，明其源出于先君，而其子体而行之……我后人亦不得过问，违者呈官治之，并拟列条规于左，惟我族尊长酌而行焉。

敦本户田记

启运少承训……其间孤寡及贫无食者，尤为可念……及迨服贾四方，薄绩所赢，因本先君之意，先其急者，置体源户田五百四十亩，专以赡给族间四穷……所有敦本户田并续增体源户田悉归宗祠，既归宗祠即为公物，我后人不得过问，族人亦不得借端擅卖，违者呈官治之……

体源户义田和敦本户义田虽然都是鲍氏家族的义田，但它们却有明确的分工。体源户义田主要用来赡养鲍氏宗族内的鳏、寡、孤、独四种穷人，以及一些身体有缺陷、不能自食其力的残疾人。而敦本户义田则用来接济鲍氏家族面临青黄不接的贫苦族人。以下两则“义田规条”对其进行了详细说明：

公议体源户规条

一、谷系给本族鳏、寡、孤、独四穷之人，须合例者，不得徇情滥给。

二、四穷及废疾与例相符，应给谷者，执事之人知会督总，给与经折，孤子注明年庚，以备查考，再行给谷，以专责成。

三、鳏、独年至三十岁，给领食谷。后有愿为其子者，亦一体给领，全其宗祧，其子年至十八停止。其父母仍照例给发。

四、孀居有子，俟其子年至廿五岁停止。

五、孤子年至十八岁停止。

六、孤女出嫁日停止。

七、族人或有流荡他方，无音信者，其父母、妻子不得捏称物故，援例食谷，总以访其有实据，本家迎过魂后，方准给领。

八、食谷之人有病故者，给谷三十六斗，以为身后使用，孤子女自十五岁以内者，给谷廿四斗；十岁以内者，给谷十八斗；五岁以内者，给谷九斗。其谷于下月初一日给领。

九、孀居住居母家者，准领；寄居亲戚者，不准领。妾住母家不准领。

十、四穷合例人，总以自宋至今住居本村者，准其领给。

十一、盗卖祖坟公产、砍荫木者，永不准给。

十二、孀居年少时，不愿食谷，出村佣食，及至年迈归家，再行请领者，永不准给。

十三、鳏独孤子有干犯长上、行止不端者，停给三年。改过，三年后再给。

十四、妇人打街骂巷，不守规法者，停给一年。改过，次年再给。

（下略）

公议敦本户规条

一、春粜之设，以体源、敦本两户钱粮营米为谷价，早完国课，永利族贫。仍储谷备荒，法至善也。规条详列于后，惟冀永远遵行勿替。以无负谋者敦本筹远之苦心，举族幸甚！

二、不论男女大小口，一例粜给。其小口，年至三岁准籴。

三、盗卖祖坟公产，盗砍荫木者，永不准籴。

四、聚赌，无论骰子、跌钱、看牌，概不准籴。改过者，次年准籴。

五、酗酒、打架者，不准籴。改过，次年准籴。

六、男妇有干犯长上，品行不端，及好与人寻事斗争者，停籴三年。改过三年后，准籴。

七、妇人打架骂街，不守规法者，停籴一年。改过，次年准籴。

八、有用人者不准。如出嫁女归宁在家，及妻之母相依者，不以用人论；女与妻母不准籴，本家听籴。此外，另有亲戚及帮工者，即与用人无别，该户概不准籴。

九、自宋住居本村者方准籴。

十、族人贸易来去无定，届期亲身报名，准籴。期后来者不补。

十一、本户田税共计五百八亩七厘五毫一丝，塘税八亩五分九厘三丝五忽。

十二、时租三千七十三斗九升五合。

十三、硬租六千五十三斗八升一合。

十四、征租章程俱已载明体源规条，一体照办。

十五、租谷订定晒干，八六折归仓。

十六、本户公该正则钱粮六十三两六钱一厘，营米二石一斗一升八合，并体源户钱粮营米俱以本户谷价完纳。

十七、粜谷定于二月初五日收钱，初十日发谷。应籴谷者先于二月二十五日至仓所报名登簿，次日司祀与文会将两户钱粮营米算共需银若干，查上年收谷实数，除应提备三十石外，计算每升应粜钱几文，每人应粜谷若干，用红笺条写贴祠前，俾众共知。已报名届期不交钱者，即将应籴之谷，给予一半，另一半听司事变价充公。

体源户义田的救济对象是鳏、寡、孤、独“四穷”及自幼废疾不能劳动之人。每月初一发谷，闰月如之，正月则在前一年腊月二十五日发谷。这对于这些弱势群体而言是一个极大的资助，不只是解决燃眉之急，而且还保障了他们的生活水平。此外，鲍氏家族对于义田的救助对象还有一定的约束。比如盗卖祖坟公产、砍荫木者，干犯长上、行止不端者，妇人打街骂巷、不守规法者都得不到资助，这对于鲍氏家风的纯正和棠樾的淳朴都有积极的推动作用。

敦本户义田与体源户义田有所不同，它面对的是普通鲍氏子孙。在明清时期，百姓靠天吃饭，是灾荒还是丰收，可以说听天由命。敦本户义田的设置对于平衡百姓的生活有着非常重要的贡献。因为，我们无法预知来年的年景，一旦遇到荒年或者青黄不接，又没有剩余的粮食，这时鲍氏族人就可以通过平价从敦本户义田买入粮食以资接济。当然，敦本户义田也有约束政策，对于那些聚赌、酗酒、打架的族人，敦本户对其也亮了“红牌”。所以，在这一点上它与体源户有着相同的用意，都对鲍氏孝悌家风的弘扬、棠樾淳善乡俗的形成有着正面推动之功。

第六章

后继有人不孤单

在清朝乾嘉时期，鲍氏家族第二十四世鲍志道经商发了大财，富可敌国。他一家富了，不忘为朝廷、为百姓做善事，他经常说自己的钱是“取之于民”，自然也应该“用之于民”。第二十五世鲍漱芳，继承父志，管理盐务，同样亨通发达，也为清政府效尽犬马之劳，得到“盐运使”等官衔；在乡里，修建祠堂、兴办义学、兴修水利等，做了许多善事，受到乡人的称赞。

道光中叶以后，徽商开始走向衰落。鲍家也慢慢从商场上隐退出来，脱贾业儒，过着普通的日子，但是忠孝仁义的风气却代代传续了下来。

第一节　经商却是为入仕

鲍时基，字叙眉，生于嘉庆十六年（1811年），是棠越鲍氏第二十六世，鲍时基没有同祖父鲍志道一样，从事盐业经商，而是继承了父亲鲍勋茂衣钵——参加科举从政。

鲍勋茂，是鲍志道的次子。在父亲的要求下，他和兄长鲍漱芳分别走了两条不同的道路：在鲍志道去世后，鲍漱芳接任其官职，担任两淮总商，从事盐业的经营；而鲍勋茂则从小熟读“四书”“五经”，参加科举，考上举人，由内阁中书官至通政使司。虽然两兄弟的人生轨迹不一样，一个从商，一个从政，但是在鲍氏家风的影响下，二人在为人处世方面有着极大的相似性。鲍漱芳担任盐业总商，虽居高位，但是急公好义，乐善好施，大到为朝廷赈灾、捐输，小到为家乡修桥、铺路，只要力之能及，他样样不遗余力；鲍勋茂跟兄长一样，有他能帮得上忙的事情，一定出一份力气，特别是家乡徽州地区的事情，他尤其上心，比如资助诸生课读，设厂赈灾等。

一、做好父母官

鲍时基自幼聪颖，小时候就显示出了读书的天赋——据说能日记千言。父亲鲍勋茂在京师做官时，他经常随父亲一起去各士大夫家串门，每次他优异的表现都会被大家称赞。

道光十一年（1831年），鲍勋茂在原官位上退休，回到扬州的老家，准备安度晚年。鲍时基“子承父业”，北上京师去担任通政使司，尚在途中，就得到父亲不幸逝世的消息。闻此噩耗，他来不及收拾行李，等候第二天的轮船，当天晚上乘一条小舟就往家赶，两天两夜日夜兼程，终于回到扬州，办理丧事。丁忧三年后，鲍时基继任父亲原职，担任通政使司数年。

道光二十二年（1842年），鲍时基被授予贵州黔西州知州，船刚行至徽州边界，忽闻家中发妻去世，他立刻停船，回身返家料理丧事，两个月后再由长江直上。

道光二十三年（1843年）正月，鲍时基抵达贵州。一上任，他就开始处理累积多年的旧案，平反了冤假错案数起。他对手下人说：一有案子，应当机立断，如果处理不及时的话，势必会积累重重旧案，从而滋生出很多弊病。鲍时基办案子，讲究的是效率，只要可能，他定会亲自去查案。发生人命案，哪怕是在数十里之外，鲍时基也会前往事发地，亲自勘查现场；若是发生盗窃案，他当即就派人展开搜捕工作。如此高的工作效率，宛如包青天在世，陈年旧案逐渐清理干净。以前在黔西影响人民安定的

“捣乱分子”，在“鲍青天”面前，都纷纷收敛起来，不敢有所造次。

身为一方父母官，办好案子是鲍时基的本职工作，但是在本职工作之余，他还积极为老百姓谋求福利，这和祖父鲍志道、伯父鲍漱芳、父亲鲍勋茂是一脉相承的，这也正是受鲍氏家族“义”字当先家风的影响而形成的。

黔西有条河，名为鸭池河，自从几年前发过一次洪灾将两岸的民居都冲毁了之后，河里已经很久没有渡船了，两岸行人往来非常不便。鲍时基组织人手，添造渡船，修建营房，又派请数十名士兵驻扎在两岸。狮山书院，是黔西诸生读书学习的地方，鲍时基捐资买田，仿照家乡的紫阳书院，收取租金供给他们，并添建斋房，每月初一、十五聘请社会上公认有学识的儒学教官来讲学。黔西城中少井，一次某户人家发生火灾，邻里乡亲想帮忙却找不来水，看到这样的状况，鲍时基积极探索，带领人员出去巡查，发现贵州地形崎岖、多山石，大石块好找又非常便宜，于是令家家户户修建石缸，每个石缸大约可以盛水二三十担，长方形状，三尺多高，二尺多长，每面用大石块合成，石块间用油灰填满空隙，以免漏水，这样的话，如遇火灾，即可快速进行自救。

这一年的五月，由于大定府知府出任山西，派鲍时基临时顶替他的职位。等他六月再回到任上时，正值贵州大旱，鲍时基率领父老乡亲虔诚祷告，他自己更是至诚至恳，每天在最热的时候求雨不停，以至于后背都晒伤了。但是功夫不负有心人，三日后，天降甘霖，当年粮食得到了大丰收。

由于鲍时基为官正直清廉，深得朝廷信赖，七月，他为湖北捐了军饷，于是朝廷委任他为贵州乡试的监试官。九月，继母汪氏去世，鲍时基简单交代了一下工作，就立刻往家赶。亲生母亲吴氏去世时，鲍时基才六岁，此后继母汪氏一直对鲍时基视如己出，想到和继母待在一起的点点滴滴，鲍时基非常难过，还在路上，就已经情不自禁失声痛哭。十月，他辞去了监试官之职。

鲍时基在任上，前后仅八个月而已，命案、盗案了结三十余起，凡结案的，没有一个人上诉。他出任黔西，乡亲父老都自发地来送他，依依不舍，挥泪告别。当时的贵州巡抚贺长龄给他的评价是：鲍时基年富力强，心地明白。

二、当好鲍家儿

鲍时基孝顺父母、友爱兄弟，母亲去世时，他才六岁，长大成人后，他因为当时不能够叙述母亲的遗言，觉得非常遗憾，每每说到这里便忍不住哭泣。父亲手有疾病，凡是铺展被褥、端碗捧饭这样的事情，鲍时基事必躬亲。父亲曾经对他说：希望以后你儿子对你，也能像你对我这样啊！祖父、祖母去世时，鲍时基非常难过，哀哭、丧礼等做到了极致。

鲍时基兄弟多，他和兄弟相处非常友善。大哥在扬州经商，三哥出任外县郡守，四哥早逝，提到这几个兄长，鲍时基每次都以不能够和他们时时相依为憾。六哥、七哥，鲍时基和他们年纪差距不大，打小和他们生活在一块儿。鲍时基入京师时，六哥正在京师担任刑部官员，他每日必和兄长一聚。陪同兄长饮酒、作诗，是他再欢喜不过的事情。七哥不幸英年早逝，鲍时基每一想到他，都忍不住哀恸至泪下，想到和七哥曾经在一起的点点滴滴，他为七哥作了一篇传记。

与人交往，鲍时基讲信用、重承诺，勤勤恳恳，始终不渝，遇事待物，有过人的勇气和智慧。他喜爱读书，每天“闻鸡起读”，冬夏不误，读书的时候，会特别认真地在旁边仔细做好批注。他爱好书画，书法中尤其欣赏董其昌，董其昌才溢文敏，通禅理、精鉴藏、工诗文、擅书画及理论，他是晚明最杰出、影响最大的书画家，鲍时基藏有其真迹百余帖，因董其昌号香光居士，鲍时基为自己的书房取名为“宝香阁”，即以香光书法为宝之意。鲍时基在搜罗古今名人的书画作品时，不惜花费重金，最让他得意的是陆机《平复帖》、杨凝式《神仙起居帖》、怀素《苦笋帖》，这几个人都是著名的书法家。鲍时基还藏有李公麟、张僧繇（yáo）、李营邱等名画家的真迹。虽然鲍时基热爱书画，在收藏作品方面更是不遗余力，但是若是碰上真正懂行的人看上了他的藏品，他也会毫不吝啬地赠予，认为好刀配英雄，好的书画作品被真正的大家所收藏，才是应该的。

鲍时基六岁时就能写大字，二十岁时，在书法上有很独到的领悟，真书、草书、隶书、篆书都精通。喜欢没骨画法，爱临摹白阳山人陈道复的书画作品。对于性理经史之学研究深厚，擅长作诗，不过在书画、诗歌方面的作品均不留稿，后来他儿子鲍梓等人曾经收集整理过他的作品，达六卷之多，为《槐西草》《慕韦草》《黔西游草》《息影草》《息影续草》《和陶诗存》。他儿子想为鲍时基把作品刊刻出来，鲍时基阻止了，说：作诗不过为了道性情而已，我不想让这些只是表达我性情的东西传入世间，尤其不能传给儿童，自己收藏起来留个纪念就行啦。

鲍时基对书画的研究仅限于业余爱好，但是他的爱好却直接或间接地影响了子孙后代，曾孙鲍娄先便成为一位杰出的书法家和画家。

鲍时基敦睦亲族，虽然在外面做官达数十年，但是每次都以远离家乡为念。鲍氏家族的支谱，是其祖父鲍志道与族叔鲍琮所修，后来，鲍时基仿照前例，汇集先人遗迹，在道光年间进行了续修。将族谱续修完后，他便生病了。鲍时基在去世前一天，梦见自己会试考取第一名，他对儿子们说："我梦见自己考取了第一名，我将要走了呀！"儿子意识到这是不祥之兆，心中十分难过。到初八日未刻，鲍时基仍然神志清醒，和儿子们谈论完身后事，突然一笑而逝。

鲍时基为官，是造福一方的好父母官；为儿，是孝顺父母的好儿子；为父，是将鲍氏家风忠、孝、仁、义传承和发扬的好父亲。

第二节　乐善好施承家风

鲍志道的曾孙辈中，有一个叫鲍嵇庵的。鲍嵇庵生在官商门第里，说不上天之骄子，也是衣食无忧，吃穿不愁。他从小受到了良好的教育，能书善画，生性浪漫，放荡不羁。

魏晋时期，有“竹林七贤”，七贤之一的嵇康是著名的文学家、思想家、音乐家，崇尚老庄，赞美出世的生活，不愿做官，是“竹林七贤”的精神领袖。他激烈抨击世俗规范，主张顺应自然法则，保全人的天性，积极推广养生理论，在当时具有非常高的声望及号召力。后来因为卷入朋友吕安的诉讼案，被抓入狱，权臣司马昭忌惮他的言论影响力，在钟会的建议下将其处死。在他死后，其思想主张在东晋及南朝受到了极大的推崇，成为魏晋玄学的重要理论。鲍嵇庵非常欣赏嵇康的个性，所以把自己的名字改成了嵇庵。

因为鲍嵇庵平日没有架子，一举一动不拘小节，有时甚至还令人发笑，又因为他字小孟，所以大家给他起了个“雅号”——小孟大爷，他也乐于接受，不在意这些称呼。

一、刨根“驴屁股棍”

小孟大爷鲍嵇庵喜欢约上三五好友出去逛逛。这个月初，他就又去扬州了。每次他刚走，大家便盼着他回来。一是因为少了他，便少了许多欢声笑语，宅子里寂寞得慌；二是小孟大爷每次出门，都少不了给大家带回来一些新鲜玩意儿，让大家开开眼界。

终于把小孟大爷盼回来了，鲍家上下一片欢声笑语。本家们听说大爷归来，少不得要来道长问短。有些手头比较紧的亲戚，都选择在大爷刚回来心情非常愉悦的这几天来唠叨几句。不消说，小孟大爷自然明白他们话里话外的意思，能帮忙的他一般都慷慨解囊，倾力帮助。

有个木匠姓张，是客家人，前些年因为一次洪水搬到棠樾村。平时他就靠木工营生，好在手艺不错，人也挺厚道，棠樾村的人都挺待见他，有需要的活儿都愿意找他，热心的村民还给他介绍外面的活儿。张木匠的日子过得虽然清贫点，但尚能糊口。这两年，因为俩孩子的出生，张木匠全家上下靠着他一个人做工，生活显得拮据一些。他已经一连一个星期没有揽到活儿了，眼瞅着就要揭不开锅了。

他早就听闻小孟大爷是个乐善好施的好人，经常帮助穷人。听说小孟大爷回来了，他也想去试试，心想：毕竟鲍家是大户人家，需要做木工活的机会总是多些的。于是他怀着忐忑的心情也来到了鲍家，一路上还想好了怎么说，准备把家里的近况一五一十详细地告诉小孟大爷。

“小孟大爷！这日子实在难过啊，您给匀点事做做呗？”张木匠很不好意思，但还是开了口。

小孟大爷认出了张木匠，他眨了眨眼，耷拉着脑袋，想了一下，说：“行！你明天把家伙什带来，就在这厅上上工吧！”张木匠高兴坏了，没想到小孟大爷二话都没说，根本没问他家长里短，就答应了他的请求。他太兴奋了，跑着跳着就往家赶，他要马上把这个好消息告诉妻子。

第二天一早，张木匠把斧头、锯、刨各式各样家伙什都带了过来，见着大爷先道了安，然后请大爷吩咐。大爷端着烟筒，东瞧瞧，西看看，指着厅前一段水桶般粗的杉木说：“这段杉木啊，你不要用斧头劈，要用刨推，把它刨成圆的……嗯，就这样，你先刨吧！”张木匠听了大爷的话，不敢怠慢，马上搬来杉木开始观察：“这要是能先用锯锯一下，再用刨刨的话，会快很多啊！”“唉，不行，大爷说过只能用刨推，大爷一定有他的用意！”他在那儿自言自语。小孟大爷在隔壁屋瞅了瞅他，嘿嘿一笑，出门溜达去了。张木匠有经验，虽然用刨慢了一些，但是一天工夫，他就把杉木刨圆了。次日上工，他就立马请大爷过目，大爷瞅着他刨的木料，光洁浑圆，真跟屋柱一般；再看看地上，轻薄的杉木皮，每一块大小都很均匀，知道张木匠技艺真不错。他又眯着眼，口中念念有词：“古人云‘宁方为皂，不圆为卿’，哦，圆不如方。你还是替我把它刨方了吧！”说完又走了。

张木匠心中虽不解，但又不敢直说，只好默默地端起墨斗，开始打线，嗤，嗤，一个劲儿地刨。因为小孟大爷讲过不准用斧劈，说不定三五个工也刨不好呢！就这样整整刨了四天，圆柱总算是刨方了。第五天清早，大爷来看，看着那根方方正正、有棱有角的方柱，嘿嘿一笑，又喃喃地说："左手画圆，右手画方，不能两全。好，好，好！你再替我刨圆了吧！"张木匠这回真是傻了，但是大爷有令啊，只得又跨起腰，动手开始刨。

就这样刨啊，刨啊，圆的刨成方的，方的再刨成圆的。张木匠一次比一次用心，刨得一次比一次细致，可大爷总是摇头晃脑，不甚满意。一个多月过去了，最开始水桶般粗的圆柱变成了个小棒子，张木匠手再巧，也有点技穷了。这天，给小孟大爷看，小孟大爷还是以前那个表情，好像又要不满意了，张木匠斗胆问道："小孟大爷，您老人家到底要做一个什么呀？"

小孟大爷看着张木匠，再看看这根棒子，哈哈一笑："我那小毛驴呀，缺一根屁股棍。咦，这根好像粗细正好，这样，你给他锯短一些就行了！"张木匠愣了半天，笑着说："原来是这样呀，那您早说，我一早就给您刨出来啦！"

小孟大爷哈哈大笑："你不是叫我给你匀点事做做吗？哈哈哈哈！"张木匠傻了，半天也说不出话来。

鲍嵇庵就是这样，在鲍氏家族忠孝仁爱的家风影响下，同大部分鲍氏家族成员一样，有着一颗仁爱之心；但是他行善非常低调，甚至都不愿意让受助的人知道。这不，在棠樾一带还流传着一个关于他"偷偷做好事"的故事呢！

二、鲍财神送元宝

小孟大爷鲍秾庵，在家教的影响下，有一颗仁爱之心，但他和别人不一样，他要乡亲们在不知不觉中受到他的恩惠。

有一年的年底，腊月二十八，天空飘起了雪花，为过年增添了喜庆的气氛。这时候，村中的大户人家，都在忙着杀鸡宰鹅、煎鱼腌肉，准备过大年，吃“封岁”了。但是也有一些家道不济的人家，锅里无米，灶上无肉，这个年对于他们来说只有徒添悲伤罢了，所以早早关起了家门，不想让别人看到家里冷清的样子。

鲍家是大门大户，自然是忙得不可开交。不过家里的事情，有管家操心，只有大事才会请示小孟大爷，他出出主意就行。小孟大爷出去溜达去了，看着村中其他人家有的在擦窗扫地，有的在贴对联、挂灯笼，有的在杀鸡、杀鱼，小孟大爷看着心里乐呵呵的，跟他们打声招呼便接着溜达。

其实，小孟大爷出去溜达，是有目的的。他知道在这过年的节骨眼儿上，那些穷困的人家比平时更不好过，看着别人都喜气洋洋地吃着大鱼大肉，可回头看看自己家里，都快断炊了，只有心酸。所以，凡是关门闭户的人家，小孟大爷都记在心里，他在想着怎么样帮助他们……

晚上，吃过饭后，管家忙碌了一天，本想早些去歇着，结果小孟大爷神神秘秘在叫唤他。这让管家实在纳闷，他知道他们这位爷平常有些时候很有“个性”，经常做一些让人摸不着头脑的事情，买一些稀奇古怪的东西回来。上次去扬州就带回来了几面镜子，这小东西也真是奇怪，往他面前一凑居然就能清晰地看到自己，还说是什么“西洋”产的，真是神了。

“这大过年的，爷又想着什么新鲜玩意儿呢？”管家在那儿自言自语。冷不丁被小孟大爷拍了拍肩膀，小孟大爷笑嘻嘻地说道：“发什么愣呢？快跟我来库房。”去库房？那不是放银子的地方吗？去那儿干吗？管家更是不解了。

来到库房后，听小孟大爷的吩咐，管家又叫来一个佣人，两人一起把数目不等的银锭和元宝，包成大大小小的红纸包，数目相同的红纸包搁在一块儿，装了一担三篓子。看着时间不早了，街上早都关门闭户了，大爷说：“走，咱们当财神去！”听到这话，管家才明白过来，原来爷这是要出去送钱呀！

于是三个人一行，佣人挑着银子、元宝，管家掌灯，按着小孟大爷指点的路线，挨家挨户地从门缝里塞红纸包。别看都是三、五、十两的小红纸包，挑起来还真是不轻，管家和佣人不得不经常换着挑。

鲍嵇庵送元宝

“这个虎子，怪可怜呢，爹妈去得早，剩下爷爷奶奶带着他，孩子面黄肌瘦的，一看就是营养不良啊！多给点，多给点！”

“我春良哥真是不幸，死在外头，春良嫂一个妇道人家，又要拉扯孩子，又要照顾公婆，真是苦了她了！这两年看她明显老了，多给点！”

“元敏叔孤苦伶仃，多给点！”

……

小孟大爷念念有词，每到一户人家，他就像是自家人一般地说出他们家的经济情况，然后再选择放多大的红包进去。那些鳏、寡、孤、独的贫困家庭，他就塞进去大红包，条件好些的，就放一个小点儿的红包。没过多久，村前村后，大街小巷，红纸包全都送完了。小孟大爷心里乐呵呵的，管家和佣人觉得就像是自己做了善事一样，心里甜滋滋的。

回到家，小孟大爷躺在床上，越想越觉得这件事做得真好，不声不响就把好事做了，他最不喜欢做好事让大家都知道。只是后面好几家给的银子都有点少："唉，真应该再带多点银子才是。明年一定要多带几个人去才行！"

第二天天一亮，就听见有人在欢呼："财神爷送元宝来啦！财神爷送元宝来啦！"大街小巷笑声一片。"这下可以过个好年了，财神爷真的送元宝来了，送的还不少呢！"说这话的正是春良嫂，鲍财神送的这些银子，足够她一家人买鱼买肉，过个丰盛的好年了。

第三节　探舅却逢母去世

鲍氏家族是慈孝世家，南宋有鲍宗岩、鲍寿孙父子争死的故事，永乐皇帝专门题诗称赞他们的行为。鲍氏家族后代引以为荣，子孙孝子辈出，鲍志道的玄孙鲍亮宣便是其中之一。

鲍亮宣，字春圃，自从高祖鲍志道由于做生意的关系迁居扬州以来，到他这代，依旧侨居在这座宅子里。因母亲身体不好，鲍亮宣平日从来不离开家，唯恐对母亲的照顾有疏漏。一次，母亲不经意间唠叨了一句：很久没有见过弟弟了，不知道他近些日子过得怎样？生意有没有好一些？弟妹一个人拉扯孩子怪不容易！她念叨的是鲍亮宣的舅舅，舅舅在外做生意，正是艰难期。

鲍家由于祖上经营有道，做生意发了大财，是江南数一数二的富贵人家。在做生意发达后，希冀子孙后代读书入仕，在仕途上谋得一官半职，这是被称为"儒商"的徽州商人的传统，对于他们来说，这才是真正的光耀门楣。到了祖父这辈，祖父鲍时基并没有接过高祖、曾祖经商的棒子，而是从小学习“四书”“五经”，继而参加科举，步入仕途，实现了祖上的愿望，曾任贵州黔西知州等官职。父亲则更倾向于悠闲的生活，大部分时间愿意在家里读读书，跟三五好友下下棋。

经历了这么多代，虽然此时的鲍家已经没有了鲍志道时期的辉煌，但是经营有道，鲍亮宣家境依旧非常不错。母亲打从娘家嫁过来后，不能说是大富大贵，但也没有吃过什么苦，也不用为丈夫、儿子担忧。可是母亲娘家的舅舅却没有这么好命了，为了维系家庭，舅舅必须外出做生意，母亲经常为他担心。

鲍亮宣知道，母亲又挂念舅舅了。去年舅舅在贩运木材的时候，不巧遇上山洪，结果木材冲失近半，本来刚刚有点起色的生意又大受亏损，还是多亏了父亲、母亲接济他，才勉强渡过难关。舅舅并没有气馁，他还说：“胜败乃兵家常事，盈亏乃商家常事，再接再厉嘛！”大家都被他乐观的心态感染了，希望他今年能够扭转局面，打开一片天地。但是身为舅舅姐姐的母亲还是免不了为他担忧。为了让母亲安心，鲍亮宣决定去东流县探望舅母，这马上就到收割庄稼的时节，按理说，舅舅应该是会回来帮助家里收割的。这几日，母亲脸上的愁容显见，经常唉声叹气，不用说，自然是担心舅舅了。

跟父亲、母亲说了这个想法后，得到他们一致认可。只是鲍亮宣心中还有一点疑虑，平日里母亲都是由他亲自照顾，连喝的药都是他亲自熬制的，一日几次、每次在几时、药的温度，他全都了然于心，他怕自己不在身边，家里人照顾不好母亲。都说母子连心，母亲仿佛知道他是对自己有所顾虑，放心不下似的，特意找他谈话，让他放心去，不用担心自己，她现在身体倍儿棒，再说他看望完舅母可尽快回来，也不会耽误事儿。

放心不下母亲的鲍亮宣把自己平日里照顾母亲的点点滴滴，详细叮嘱了佣人好多遍，直到他们每一个人都熟练至背诵无误，这才放心一些。他还是不放心，转身又嘱托管家，家里一旦有一丁点事儿，尤其是母亲的病情，不顾一切险阻，都要快马加鞭来告知他。管家连连点头，让他放心，家里事情有老爷，有他呢！嘱托完毕后，鲍亮宣这才起身往东流赶。

东流在池州府，几日行程，鲍亮宣就到了舅母家中。一进舅舅家门，就见到舅母在欢快地洗菜，详细一问，才知道舅舅已经回来了，这会儿出门看老朋友去了。这可让鲍亮宣高兴坏了，舅舅在家，就可以好好和舅舅说说话，问问他生意的情况，回去好让母亲放心。果然，还不到晚饭时候，就见到舅舅红光满面从外面回来，他一见到外甥，也喜出望外，立马三步并做两步往家赶。两人一交谈，鲍亮宣知道，舅舅这半年生意非常顺利，基本把去年的亏损额填上了，等到忙完家里的庄稼，他打算再出门去……

鲍亮宣本是不想耽搁太长时间的，在知道了舅舅情况，看望了舅母之后，就想赶快回去。不过抵不过舅舅、舅母的盛情招待，再说舅舅正好在家，而且也赶上农忙，可以顺便帮着舅舅家把庄稼收割了，于是他就在东流多待了几天。

这天天刚刚亮，鲍亮宣和舅舅一道起个大早，打算去地里，趁着太阳还没出来多收点儿庄稼，不然又该晒得慌了。他刚扛起农具，远远就见到路口有个人在朝这边跑，气喘吁吁，边跑还边招手。鲍亮宣闪过一个念头，不会是我家里人吧！定睛一看，就是管家，他跟舅舅言语了一声，朝那人走去。管家显然也认出了鲍亮宣：“少爷，少爷，快回去吧，老夫人不行了……”这可把鲍亮宣吓坏了。原来在自己走后，母亲就旧病复发了，开始大家都以为没事，请了大夫，又悉心照顾，谁知几天了，病情不见好转，反而越来越坏，管家这才觉得事情严重，赶紧出来告知鲍亮宣。

舅舅听到后，害怕姐姐出事，跟家里交代了一声，赶紧和鲍亮宣往扬州赶去……

他们连夜赶路，三天的行程一天半就赶完了。一进家门，只见家丁们哭声一片，正堂中停放着灵柩，鲍亮宣脑袋“轰”的一声，再也没忍住，失声痛哭起来，边哭边数落自己的不是，千不该万不该离开母亲，就是由于他的疏忽大意，这么久不回来才会发生这种事情。他的哭声如此悲壮，本来缓过来的家丁又跟着号啕大哭起来，父亲鲍定中看到也默默落泪。

母亲的去世对鲍亮宣的打击非常大，后来很长一段时间，母亲的音容笑貌时常在他脑海中闪过，回过神来，却又不得不面对残酷的现实。每当别人提起母亲，他都忍不住痛哭流涕，懊悔不已。虽然心中十分悲痛，但是也没有办法，唯有对生者更加孝顺和珍惜，来表达对逝者的哀思。

鲍亮宣和弟弟非常友爱，但不幸的是，弟弟英年早逝，在弟弟过世后，鲍亮宣主动承担了弟弟的子女的教育任务，对他们视如己出，抚育他们成人。

第四节　德艺双馨鲍家儿

“清谈雅度总超群，老去情怀懒卧云。一自丹青名噪世，诗才谁复识参军。”这是故人刘介春对扬州一代名家鲍娄先的赞咏。

鲍娄先，生于清朝光绪元年（1875年），是棠樾鲍氏第二十九世，乾嘉时期，因为鲍志道在扬州担任盐务总商，从而世居扬州。鲍娄先在先辈的儒风影响下，加之自幼聪明好学，表现出少有的天赋和气度，他生长在清王朝风雨飘摇的时代，从小就立志要教书育才，以救国人。

一、精湛的技艺

童年时期，鲍娄先跟随塾师李瑞泉学习古文，十七岁时，在家乡参加考试，以文章《缘木》获得县试第一名，老师李瑞泉对他的评价是：“心灵手敏，笔妙自然。”可是鲍娄先并没有在科举的路上继续走下去。当时中国已经有了很多各式各样的新学堂，鲍娄先不久就剪掉长辫，长途跋涉，来到武汉师范学堂就读，后来又在上海龙门师范学校学习绘画。

毕业后，鲍娄先回到扬州，在扬州两淮中学、江苏省立第八中学等学校担任国文和图画教员三十年。鲍娄先教授学生，有自己的教育理念："使生徒心悦诚服，然后乃能言教授。"他还说："对生徒养成奴隶性质，于国民教育似有所未合。"

鲍娄先在教学之余，致力于国画创作，尤其是花卉创作，他在自家院子里种满了花草树木，以作观察、写真之用。他一再强调："对花写照，不仅取形，更要识其花性，赏其花容，风前姿势，雨后精神，日中光彩等，均需观察。"有人评价他的画是"缭而曲，往而复，是得米襄阳皱、瘦、透三字诀者。"近代文史名家杜负翁在《惜余春轶事》中这样写鲍娄先："每过鱼菜、水果、篾器市，则驻足不前，不知者疑有选择，其实求画本也。"

民国初年，四十岁的鲍娄先受到扬州大盐商周扶九的聘请，来到上海周公馆坐馆。在这里，他遇到了著名画家吴昌硕、王一亭等人，他十分珍惜这个来之不易的机会，每天和他们相互观摩，切磋画技，乐此不疲，技艺大有长进。鲍娄先擅长画花果，尤其是画桃最为著名，当时扬州城中谁家有寿宴，必得鲍氏"桃子"祝寿，一时传为佳话。

鲍娄先不仅在绘画上有造诣，而且在书法上也颇下功夫。高祖鲍漱芳就对文物收藏非常感兴趣，尤其是书法帖子。经过几十年的收藏，他珍藏的历代名家书法作品数以百计。于是鲍漱芳从中精选出一批，经过鉴定和评跋，把它们汇成以自家书斋为名的《安素轩法帖》（十二卷），并延请著名刻工党锡龄勾勒上石。这个艰巨的工作还没有完成，鲍漱芳就去世了，于是他的两个儿子将这项工作继续了下去，直到道光九年（1829年）才终于完成。《安素轩法帖》包括唐代八册、宋代二十二册、元代二十三册、明代八册，集著名书家作品五十多件。其中小楷部分尤其精妙，如唐人《郁单越经》《七宝转轮王经》《妙法莲华经》《心经》，宋人《千字文》《宋宗室崇国公墓志铭》，元人《四十二章经》《金刚般若波罗蜜经》等均为传世精品，堪称集小楷大成之丛帖。《安素轩法帖》本身汇集的鲍氏藏品既精且博，党氏镌刻又能传达墨迹神韵，因而该丛帖在书法界很受推崇，影响颇为深广。鲍娄先从先祖留下的《安素轩法帖》中汲取营养，其书法初习颜真卿、欧阳询，后改临赵孟頫、董其昌，行书兼习并称“二王”的王羲之、王献之父子，最终逐渐形成自己浑厚朴实的风格。

二、耿直的为人

鲍娄先为人非常耿直，有着文人的清高与尊严，不肯受制于人。

鲍娄先五十岁左右的时候，曾经被邀请到“金融巨子”中南银行行长胡笔江家坐馆，胡家给他的待遇非常诱人，甚至愿意给他一栋花园洋房。但是，后来胡家对他的作画有所限制，他一气之下，不顾胡家给他的丰厚报酬，也不顾胡家的强留，毅然辞馆回家。从此，他一生不愿卖画。他曾经在一幅画上这样写道：“一钱不值，万金不卖，韩幹遇欧阳，自有知音在。”鲍娄先耿直的性格，在鲍氏家族史上并不少见。

鲍宣，是鲍氏家族较早的祖先，他是西汉末年哀帝朝著名的忠直大臣。鲍宣位居谏议大夫时，常常上书谏诤，他的文章不加修饰，辞藻朴素而实在。由于汉哀帝不理朝政，特别宠爱一个叫董贤的年轻郎官，董贤生而有一种女性的柔媚，体貌秀美，再加上他会讨哀帝欢心，使得哀帝欲罢不能，日日让董贤陪伴他。

据说哀帝常常和董贤同床共枕。有一次，哀帝早晨醒来，董贤却还在熟睡中，本想将董贤压着的衣袖抽回，但是实在是不忍心惊醒他。怎么办呢？哀帝一时心急，竟然从床头拔出佩刀，将衣袖割断，然后悄悄离去。这就是“断袖之癖”的来由。哀帝一个月为董贤升两次官，对董贤的父亲、妹妹、妻父、妻弟等，但凡跟董贤挨着点边的，哀帝都一个个给予了封爵晋升。真可谓“一人得道，鸡犬升天”。

哀帝的不作为，让身为谏议大夫的鲍宣看在眼里，急在心头。再说，现在国家是外戚专权，内忧外患不断，大量土地被兼并，社会矛盾加剧，广大人民生活在水深火热当中，这都让他深深地忧虑，而哀帝却简直是个“睁眼瞎”，毫不过问。鲍宣不断上书朝廷，指出国家面临的危机，列出著名的“七亡七死”，全面而深刻地概括了人民遭受的苦难。

所谓“七亡七死”，是指“七种损害”和“七条死路”。“七种损害”有：一是阴阳不和，导致水灾、旱灾不断；二是官府使用重刑，并且横征暴敛；三是贪官污吏损公肥私，榨取民脂民膏；四是贵族豪强兼并土地，贪得无厌，永不满足；五是徭役繁多，致使百姓“有违农时”；六是“部落鼓鸣”制，当亭长击鼓抓捕罪犯时，村中男女都要出来协助追捕，耽误自家的生计；七是盗贼横行，抢掠人民财物。

如果只有这“七种损害”还好说，更有“七条死路”让老百姓痛苦不堪：一是被残酷的官吏任意殴打杀戮；二是官员审理案件的时候，非常严厉残酷；三是冤枉、陷害无辜之人；四是盗贼四起，突发抢掠；五是冤冤相报，互相残杀；六是岁恶年荒，饿殍遍野；七是瘟疫流行。这些都造成老百姓死伤无数。身为谏议大夫的鲍宣毫不客气地说了出来：“民有七亡而无一得，欲望国安，诚难；民有七死而无一生，欲望刑措，诚难。”而造成这“七亡七死”种种现象的根源，就是公卿、郡守、相国们贪污腐败风气严重。“众位大臣有幸居高官，领厚禄，怎么还会去同情民间小老百姓的疾苦，并且辅佐陛下您去推广教化事业呢？他们整天所想的是，如何经营个人家私、招待宾客，从而谋取不正当的利益。”

他不仅数落了大臣一番，更重要的是他用很大篇幅来指出皇上的责任，大概意思是：“陛下您啊，把曲意逢迎当作贤明，把对国事袖手旁观、尸位素餐当作才智，把小臣这样的人说成是愚不可及。陛下您把小臣从基层提拔上来，是看到小臣有点做事的能力，希望小臣能为国家做点有益的事情吧。难道只是想让小臣来享受着高官厚禄，占据显赫的地位却不干事吗？当今天下的老百姓，衣不遮体，食不果腹。父子间、夫妇间都不能互相照顾，只得自己管自己，各行其是。面对着如此严峻的形势，陛下却不闻不问，难道这就是他们的命运吗？”这哪里是在给皇帝上书，这分明是一种无可奈何、恨铁不成钢的呐喊，是一个有良知的普通官员，用自己的身家性命，在为苦难中的老百姓请命！鲍宣觉得，他只是做了自己分内的事情，他是谏议大夫，谏议大夫的职责就是要给皇上提意见。这是他身为朝廷命官的责任，所谓在其位就要谋其政。

汉哀帝一朝，朝政基本被外戚把持。他刚一即位，就让他的舅父丁明做了大司马大将军，统管军事，权压丞相。不久又将这个职位给了他的岳父傅晏。丁、傅两家外戚的权势越来越膨胀，其子弟们大批地拥进朝廷，为所欲为，甚至公然卖官鬻（yù）爵。而朝中较为清廉正直的老臣，诸如丞相孔光，大司空师丹、何武，大司马傅喜等，哀帝却听信谗言，对他们或贬官，或免职。

官员越来越昏庸，政治越来越黑暗，可满朝文武却敢怒而不敢言。他们有的明哲保身而装聋作哑，有的不惜为捞得好处而溜须拍马。在这样险恶的政治环境中，身为谏议大夫的鲍宣，敢于履行自己的职责，站出来抨击朝中的腐败现象。在他大义凛然、锋芒毕露的多次上书中，甚至对皇帝也提出了尖锐的批评和警示。当然，鲍宣自己也知道，他这么言辞激烈地上书，必然会惹怒皇帝，所以他自己在文中写得明明白白："尽死节而已。"为了国家的安全、道德政治的清明，他万死不辞。

鲍娄先和这位老祖先一样，爱国忧民，富有民族气节。日军占领扬州时，鲍娄先闭门谢客："宁可在家饿死，也不去捧鬼子的饭碗。"一次，日军驻扬州总司令天谷偶然见到一幅寿桃画，非常喜欢，得知是出自鲍娄先之手后，便要求他为自己画一幅《百桃图》，还要题上"天谷将军教正"的字样。鲍娄先自然是千推万阻，但是最后被逼无奈，只得动笔，于是他借题发挥，画了一棵枯树，上面结两个干瘪的小毛桃，题款用狂草连写，"天谷"二字写成"天哭"。吓得伪扬州维持会会长方小亭只得把题款剪掉，送去交差，又谎称鲍娄先因夫人死了，急成了疯子不能再作画。天谷一看气得把画烧掉，并要派兵到鲍家去抄出字画，付之一炬，急得鲍娄先满地打滚，披头散发，真的如疯了一般，而鬼子却大笑而去。

抗战胜利后，看到国民党的腐败无能，鲍娄先心中苦闷不堪，常常借画抒怀，画一些"枯枝与乌鸦""残荷败柳""黑蕊牡丹""判官逐恶鬼”这样的作品。国民政府要求他当参议员，他也婉言拒绝。

新中国成立后，鲍娄先创作热情高涨。过去他的作品一般以物体为主，画人物的很少，但新中国成立后他的第一幅作品就是一位老大娘在给解放军做棉衣。1950年，他在画作《岁朝图》上题词：“家家齐说新年乐，乐到今年乐更多。”1954年，他在其画《松鹤图》上题词：“一团春气罩中华，三春夭桃正发花。叶是蓁蓁花灼灼，男歌宜室女宜家。”

1957年，文化部派新闻电影制片厂的人来到扬州，为已是国画大师的鲍娄先拍摄专题片，此时的鲍老已经是中国美术家协会会员、江苏省国画院画师和文史馆馆员、扬州市政协委员。鲍老深受感动，将其收藏多年的二百多方《安素轩石刻》悉数捐给了扬州博物馆，并将自己收藏的七千余册图书赠予扬州图书馆。这些书法石刻从高祖鲍漱芳那一代开始，经过几代人才终于完成，战争期间也得到了完整的保护，这里面凝聚着鲍氏家族的儒商情结。

1958年，鲍娄先被评为江苏省先进工作者，他非常激动，热泪盈眶地说：“没有共产党就没有新中国，更谈不上有我鲍娄先。”然而，就在这年冬天，长期罹患支气管炎的鲍娄先因医治无效去世，享年八十四岁。2008年3月，鲍娄先的墓地迁入扬州墓园文化名人艺术墓区，并安放了一尊重达二百六十八公斤的青铜像。

第五节 不平凡的鲍家女

在徽商时代，鲍氏家族有很多为家庭做出牺牲的女儿，甚至还有一座全国独一无二的女祠——清懿堂。在近代，有一位平凡的鲍家女，在她平凡的人生里演绎着自己不平凡的故事。

鲍训经，安徽歙县棠樾村人，1910年出生。父亲鲍庚，字际唐，早年留学日本，擅长书法，是国画大师鲍娄先的弟弟。鲍训经从小就聪明，加上受到良好的家风熏陶，少年时候便已崭露头角，他们生活过的泰州、扬州一带的大户人家都知道：鲍家有女，小名桃子，过目成诵，知书达理，心灵手巧，气质优雅。

1928年，鲍训经与安徽省著名教育家房秩五之子房师亮结婚，从此，她由名门望族来到一个书香世家，生活也翻开了新的篇章。

一、天南海北随夫行

在清朝，有几个嫁入鲍氏家族的女子，在丈夫去世后，或者独守空房至老，或者独自将孩子抚育成人，吴氏节孝坊和汪氏节孝坊旌表的主人吴氏和汪氏便是这样。她们用自己的一生诠释着对丈夫的忠，诠释着自己的节操，她们的这种行为正是鲍氏家族对女子教育的体现。

鲍训经，虽然生长在特殊的革命年代，但是仍旧恪守着鲍氏家族对女儿的教育观念。她出国、回国，又多次辗转，始终陪伴在丈夫房师亮身旁，尤其在他最困难的时候，给予他充足的信任和最大的支持。

房师亮，1903年出生在安徽省桐城县。父亲房秩五是清末秀才，祖上几代都是乡间塾师，家学渊远，思想进步。房秩五在1904年与陈独秀同创《安徽俗话报》，这是安徽有史以来的第一份白话报纸。他东渡日本攻读教育学，在日本结识了女革命家秋瑾，领悟了革命道理。归国后，致力于民族民主运动和乡村教育。1925年他在家乡创办了浮山小学，后来该小学又逐步发展为初中、高中，今天的浮山中学就是在这个基础上发展而来。大革命时期，房秩五以自己的学校为基地，掩护和营救过许多共产党人和进步人士，并培养出大批革命者和优秀人才。其本人在新中国成立后，曾作为特邀代表赴京参加了全国政治协商会议，并先后受到朱德总司令和周恩来总理的接见。此后他历任安徽省人大代表、省人民政府委员、省政协副主席，直至1966年去世，享年九十岁。

早在1922年，那时才十九岁的房师亮留学德国，与同在此留学的朱德、孙炳文建立了深厚的友谊。经过他俩的介绍，房师亮加入了中国共产党，成为早期的共产党员，后来受党组织的指挥，辍学去莫斯科接受培训。回国后，他参加了伟大的北伐战争，担任北伐军独立工兵团政治指导员。

鲍训经与房师亮结婚时，正是大革命失败时期，全国到处笼罩在一片白色恐怖之中，孙炳文已经在上海遇害。房师亮在父亲的帮助和妻子的支持下，冒着生命危险到上海将孙炳文之妻任锐与三子一女接到浮山学校避难。任锐就在学校就职，几个孩子分别在学校的小学和初中读书。在此期间，鲍训经和任锐成为莫逆之交，对待她的孩子就像自己的孩子一样，给予他们无微不至的照顾。直到1929年，在党组织的精心安排下，任锐携子女离开浮山转赴延安，房师亮、鲍训经这才放心地再赴德国完成未竟的学业。

房师亮、鲍训经夫妇在危难时刻，不顾自身安危保全别人，这样的事例在鲍氏家族中不是第一次出现，鲍氏家族早年的祖先、战国时期的鲍息就曾做过。

吴、越两国一直在交战，吴王夫差继位后，打败了越国，越王勾践投降。吴国大臣伍子胥多次劝谏夫差杀掉勾践，不能放虎归山。但是夫差为伯嚭（pǐ）的谗言所蛊惑，不听伍子胥“联齐灭越”的主张，反而急于进图中原。

这年是周敬王三十六年（前484年）的春天，吴王已经迫不及待想要入主中原了。由于伍子胥一直劝谏夫差先安定了大后方——灭掉越国之后，再一心讨伐齐国，夫差太烦伍子胥了，于是，干脆派他到齐国去下战书。伍子胥知道夫差已经被胜利的幻想冲昏了头脑，听不进劝言，这样下去迟早是会要了他的命的。为了给他伍家留条根，他来的时候，把儿子伍封也带了过来。伍子胥和鲍息的父亲鲍牧是故交，所以他放心地把儿子交给了鲍息，并命儿子拜鲍息为兄，此后留在齐国，隐姓埋名，不要再回吴国。果不其然，伍子胥把带来的战书呈给齐王。齐王眉头紧锁，怒不可遏，你个蕞尔小国也想挑衅我齐国。齐王拔刀就要杀伍子胥。这时候，鲍息出面了。

“自古两国交兵，不斩来使。何况伍子胥贤名远扬，如果杀了他的话，齐国将要背负恶名啊！吴王听信佞臣的话，伍子胥屡谏不听，所以特意派他来，是想借齐国之手杀了他。如果齐王您能以礼待之，那背负恶名的就会是吴王了。”鲍息对齐王晓之以理。齐王听后，觉得很有道理，于是厚待了伍子胥。

伍子胥返吴后，伯嚭趁机向夫差进谗言，说伍子胥有谋反之心，原因是他把儿子留在齐国，就是为了联合齐国来攻打吴国。夫差最终还是赐伍子胥自尽，伍子胥在悲愤之余，要家人在他死后把他的眼睛挖出，悬挂在东边城门上，他要亲眼看着越国军队从这儿进来，灭掉吴国！果然，仅在伍子胥死后九年，吴国就被越国偷袭，吴王夫差悔恨不已，羞于见阴间的伍子胥，用白布蒙住双眼后才举剑自尽。这当然是后话了。

伍子胥在黄泉欣慰的是，伍家留了后，他知道把儿子托付给鲍氏是靠得住的。鲍息对伍封，就如对待自己亲兄弟一般，甚至比亲兄弟还上心。由于此时的齐国，大夫田常正在进行“田氏代齐”的阴谋，鲍氏有心阻止，却无力为之，经常受到田氏的打击。不管齐国是怎样的政局，鲍氏始终把伍封当自家人对待，终将他养育成人。

房师亮、鲍训经夫妇对待任锐和她的孩子们，也正是像这位老祖宗一样，置生命安危于不顾，尽心尽力，直到他们有了更好的安排，这对夫妇才去德国继续学业。

为了弥补经费不足，鲍训经主动变卖了自己的金银首饰来全力支持丈夫。在德国的近十年间，房师亮在符兹堡大学攻读博士学位，鲍训经全心全意支持丈夫学业。在养育二子一女和精心照顾患有严重胃病的丈夫饮食起居的同时，她自己还攻读了人体解剖学、心理学和医护学，而且成绩非常优秀，这期间的艰辛可想而知。

1939年，鲍训经在德国的学业告一段落，携女儿回国，与先于他们回来的丈夫房师亮和儿子团聚。这时正是烽火连天的战争年代，为了继续自己的事业，他们夫妻二人拖家带口，几经辗转。先是在安徽，之后入湖南，又去云南，最后总算去了四川，最终在四川宜宾受聘于从上海迁于此的同济大学医学院，房师亮任医学院教授，鲍训经则在医护班任教，多年漂泊的生活才终于稳定下来。这以后，他们在宜宾多年，直到新中国成立。

在新中国成立前的漫长岁月里，尽管他们夫妻二人都有工作，但是日子过得并不容易。由于物价飞涨，民不聊生，为了全家的生计，尤其是丈夫的健康，鲍训经变卖了所有值钱的衣物和饰品，自己节衣缩食，也尽量保证丈夫和孩子的饮食营养。在繁忙的工作之余，她亲自动手，为四个子女缝制衣物，以大改小，补旧翻新，只求尽量减少开支。她的儿子后来回忆说："妈妈一省再省，她唯一的享受就是吃一包五香的花生米。但是即使是这点小小的愿望，也很难实现。到新中国成立时，她已经患有严重的贫血症。"

丈夫房师亮是早期的共产党员，思想进步，行动积极，虽然是大学教授，没有直接参与战争，但是却一直与中共地下组织保持着紧密的联系。因此他们不断受到国民党反动派的迫害，先是夫妇二人都被学校解聘，继而住处遭到反动军警的包围搜查，直至新中国成立前夕，丈夫还被列入了国民党的黑名单，这无疑给鲍训经带来了极大的精神压力和痛苦。但是，面对残酷的现实，她并没有表现出一丝一毫的怯懦，始终伴随丈夫，不离左右，在精神上和行动上都给予丈夫最大的支持。在被学校解聘的几年里，他们自己开了一家小诊所，丈夫出诊，她配药，相依相偎，克服了设备极其简陋、药品极度匮乏的种种困难。他们以高超的医术、崇高的医德，治愈了无数患者，在当地享有很高的声誉。经过八年漫长的抗战，又经过四年的解放战争，守得云开见月明，鲍训经终于迎来了光明!

1951年，房师亮组建川南医士学校并担任学校校长，鲍训经随夫来到泸州，任该校组织学教员。1953年，丈夫被调任安徽省卫生厅副厅长，鲍训经随夫回到合肥，在合肥医士学校担任教导处副主任。她以现代妇女开拓进取的精神，大胆尝试实施教育改革，提倡学生自己管理自己，增强实践能力，她自己则深入医疗现场去掌握诊疗技术。她的许多学生谈起这些改革都说受益匪浅，而这些改革同时也为她日后的工作打下了坚实的基础。1954年，鲍训经调任安徽医学院图书馆副主任兼拉丁文讲师，她自认对德语、英语非常熟练，但是拉丁文基础较薄弱，所以刻苦自学，力求给学生讲到最好，她的授课受到了学生的欢迎和好评。面对当时教材很缺乏的现状，她利用整个暑假的时间，亲自动手编订了一套完整的讲义，并自费印发给每个学生。

然而，在反右斗争中，鲍训经因为参加了农工民主党，在动员鸣放时，直言不讳地坦陈己意，从而受到批判，被错划为右派，继而被迫退职。这之后，她再也没能在一线发挥自己的才能。尽管如此，乐观积极的鲍训经并不气馁，转而在培育子孙、捐资助学方面继续发光发热。

党的十一届三中全会后，鲍训经终获平反，恢复了退休待遇，又光荣地当选为安庆市政协委员。

二、勤俭持家把爱撒

鲍训经可以说是勤俭持家的典范，这不仅体现在新中国成立前的艰苦年代里，即使后来他们的生活得到了改善后，她依旧如故。烹饪缝纫、拆洗缝补，她从来都是自己动手，家里面能利用的一切都被她利用了起来，看起来零碎的小布头、旧毛线，经过她的巧手一拼接，总能变成漂亮的被套、桌布、椅垫等家庭用品。虽然家里人口多，但是鲍训经总是能把一家人的生活安排得井井有条，在20世纪60年代的困难时期，她还自己养鸡以改善生活。对于吃穿，她从来没有任何讲究，在子女们的记忆中，她自己从来没有购置过高档衣物，做了好吃的，首先想到的是给丈夫和孩子吃。

鲍氏家族"义"字当先的家风也深深影响着这位学识渊博的知识女性。早在20世纪50年代，夫妻俩的工资就已经达到四百元，这对于当时的物价水平，应该说可以生活得非常滋润。然而，直到房师亮1984年去世时，家里最值钱的电器也仅是一台三波段收音机，外加六百元的存款，他们的大部分收入都用来接济贫困乡亲和捐助大学生。当时，每个发工资的周末，总是他们家里最热闹的时候，因为学生都来领钱，然后，还要寄款。老两口晚年时常欣慰地说：我们至少培养了十个大学生。

几十年来，鲍训经以自身的言行，践行着鲍氏家族良好的家风，并且潜移默化地影响着后人。他们的四个子女，都先后成为共产党员，在各自的岗位上做出了应有的贡献。新中国成立之初，得知长子和次子在外地参加中国人民解放军时，她积极地给予支持。当两个儿子奔赴朝鲜前线，她为他们对国家做出贡献而骄傲，但是作为一个母亲，她却因担心他们的安危而暗自流泪。三女和四子分别在初中和小学毕业后就远离父母身边，北上求学，直至大学毕业。她支持孩子们去闯荡世界，为国家贡献自己的力量。自新中国成立后，全家再没有在春节团圆过，也没有一个子女留在他们身边，子女们都非常遗憾，而他们却很坦然。

1982年，鲍训经携胞弟鲍训初来到合肥，将一批珍贵的历史文物捐赠给了安徽省博物馆，了却了她多年来的夙愿。这批文物极其珍贵，全是鲍氏家族传世多年的宝贝及很多一手文献，其中包括《清代名人书简墨迹》，这里面有刘墉、纪晓岚等清乾隆、嘉庆盛世年间的名人、学者、文学家、书画家写的尺牍，以及和鲍志道、鲍勋茂等的往来书信，还有《安素轩法帖》一百八十余张等。这些史料不仅是书法艺术珍品，更是历史研究的宝贵资料，从中可以看出徽州大盐商移居扬州后，与许多官宦名家交往活动的史实。鲍训经的这一义举，再次体现了无私奉献的精神和一片爱国热忱。

1989年，鲍训经去世。她这一生，既保持着妇女勤俭持家、相夫教子的传统美德，又兼具新型知识女性特有的追求真理、献身事业的时代精神；既把鲍氏家族家风完美地传承下来，又把忠、孝、仁、义美好的品行发扬光大。

参考文献

古籍类：

[1]（春秋）左丘明.左传[M].北京：中华书局，2012.

[2]（汉）司马迁.史记[M].北京：中华书局，2014.

[3]（东汉）班固.汉书[M].北京：中华书局，2012.

[4]（南朝）范晔.后汉书[M].北京：中华书局，2012.

[5]（西晋）陈寿.三国志[M].北京：中华书局，2011.

[6]（北齐）魏收.魏书[M].北京：中华书局，2011.

[7]（明）戴延明，程尚宽.新安名族志[M].合肥：黄山书社，2004.

[8]（清）张廷玉等.明史[M].北京：中华书局，2013.

[9]（清）鲍光纯.重编棠樾鲍氏三族宗谱[M].中国国家图书馆古籍馆藏.

[10]（清）鲍志道，鲍琮.棠樾鲍氏宣忠堂支谱[M].中国国家图书馆古籍馆藏.

著作类：

[1]歙县地方志编委会.歙县志[M].北京：中华书局，1995.

[2]战化军，姜颖.齐国人物志[M].济南：齐鲁书社，2004.

[3]鲍树民，鲍雷.坊林集[M].合肥：安徽文艺出版社，1993.

[4]张小平.聚族而居柏森森：徽州古祠堂[M].沈阳：辽宁人民出版社，2002.

[5]罗刚.千古悲欢阅沧桑：徽州古牌坊[M].沈阳：辽宁人民出版社，2002.

[6]赵华富.徽州宗族研究[M].合肥：安徽大学出版社，2004.

[7]王振忠.千山夕阳：王振忠论明清社会与文化[M].桂林：广西师范大学出版社，2009.

[8]赵焰，张扬.徽州老建筑[M].合肥：安徽大学出版社，2011.

[9]江巧珍，孙海峰.盐商文化象征——棠樾[M].合肥：合肥工业大学出版社，2011.

[10]李秋香.宗祠[M].北京：生活·读书·新知三联书店，2006.

[11]陈建华，王鹤鸣.中国家谱资料选编·家规族约卷[M].上海：上海古籍出版社，2013.

[12]王秀丽.中国的脊梁——元代的一百个老百姓[M].北京：中国文史出版社，2009.

论文类：

[1]魏文享.鲍志道：富而有仁[J].三联竞争力,2008(2).

[2]卞利.徽州的牌坊[J].寻根,2003(1).

[3]董春等.徽州牌坊的分类和旅游价值研究[J].蚌埠学院学报,2014(1).

[4]赵华富.徽州宗族祠堂三论[J].安徽大学学报（哲学社会科学版）,1998(4).

[5]王传满.明清徽州节烈妇女的牌坊旌表[J].文山学院学报,2010(2).

[6]周坤.牌坊文化与徽州商人[J].青海师范大学学报（哲学社会科学版）,2006(2).

[7]汪佳.歙县牌坊：诉不尽的人间沧桑[J].文化交流,2005(6).

[8]李斯尔.德艺双馨鲍娄先[J].档案建设，2001(3).

[9]卞利.作为村规民约的明清徽州族规家法初探[C].上海：第二届传统.中国研究国际学术讨论，2007.

[10]梁峥.牌坊探究[D].武汉：华中科技大学，2007.

[11]樊程.清代徽州孝文化特征研究[D].合肥：安徽大学，2013.